Ande, Själ och Kropp I

Berättelsen om den Gåtfulla jakten efter vårt "jag"

Ande, Själ och Kropp I

Dr. Jaerock Lee

Ande, Själ och Kropp I av Dr. Jaerock Lee
Utgiven av Urim Books (Representant: Kyungtae Noh)
73, Yeouidaebang-ro 22-gil, Dongjak-gu, Seoul, Korea
www.urimbooks.com

Användes med tillstånd. Ingen del av boken eller boken i sin helhet får reproduceras i någon form, genom lagring i elektroniska medier eller överföring på något sätt eller genom något annat tillvägagångssätt, elektroniskt, mekaniskt, kopiering, samt bandinspelning eller liknande, utan tidigare inhämtat skriftligt tillstånd från utgivaren.

Där ingenting annat anges är bibelcitaten hämtade från Svenska Folkbibeln®.

Copyright © 2017 av Dr. Jaerock Lee
ISBN: 979-11-263-0303-8 04230
ISBN: 979-11-263-0302-1 (set)
Translation Copyright © 2014 av Dr. Esther K. Chung. Användes med tillstånd.

Tidigare utgiven på koreanska av Urim Books 2009.

Första utgåvan maj 2017

Redigerad av Dr. Geumsun Vin
Design av Editorial Bureau of Urim Books
För mer information, kontakta: urimbook@hotmail.com

Förord

De flesta människor vill vara framgångsrika och leva ett bekvämt och lyckligt liv. Men trots pengar, makt och berömmelse kan man inte undkomma döden. Shir Huang-di, det antika Kinas första kejsare, sökte efter ett elixir, mirakelmedel, men kunde inte heller undkomma döden. Men genom Bibeln har Gud lärt oss vägen till ett evigt liv. Detta liv flödar genom Jesus Kristus.

Från den dag jag accepterade Jesus Kristus och började läsa Bibeln började jag be för att på djupet kunna förstå Guds hjärta. Efter sju år av oräkneliga böner och fasteperioder svarade Gud mig. Efter att jag startade en församling förklarade Gud många svåra bibelställen för mig genom den Helige Andes inspiration, en av dem väldigt detaljerat som gäller 'Ande, Själ och Kropp'. Detta är den gåtfulla berättelsen som låter oss förstå människans ursprung och vilka vi är. Jag har inte hört om detta någon annanstans, och det ger mig stor glädje, större än jag kan beskriva.

Många vittnesbörd och gensvar har kommit från både Korea och utlandet när jag överlämnat dessa budskap om ande, själ och kropp. Många berättar att genom budskapet har de förstått vem de är, vilken slags varelse de är, fått svar på många svårtolkade bibelställen samt som förstått vägarna till sant liv.

En del av dessa människor säger att de nu har som mål att bli en andlig människa och ta del i Guds gudomliga natur och de strävar efter att uppnå det som står i 2 Petrusbrevet 1:4, *"Genom dem har han gett oss sina dyrbara och mycket stora löften, för att ni i kraft av dem skall få del av gudomlig natur, sedan ni kommit undan det fördärv som på grund av begäret finns i världen"*.

The Art of War av Sun Tzu säger att om du känner dig själv och din fiende kommer du aldrig förlora en strid. Budskapen i "Ande, Själ och Kropp" sprider ljus över "jagets" djupa delar och lär oss vilket ursprung människan har. När vi verkligen på djupet förstår detta budskap kommer vi också kunna förstå alla slags människor. Vi kommer också lära oss hur vi kan besegra mörkrets makter som har påverkat oss, så att vi kan leva segerrika kristna liv.

Jag vill uttrycka min tacksamhet till Geumsun Vin, chef över redaktionsavdelningen, och de medarbetare som har överlåtit sig själva till utgivandet av denna bok. Jag hoppas att det ska gå väl för er i allt, och att ni är friska liksom det står väl till med era själar, och ännu mer sträva efter att få del av Guds gudomliga natur.

Juni 2009,

Jaerock Lee

Påbörja resan mot Ande, Själ och Kropp

"Må fridens Gud själv helga er helt och fullt, och må er ande, själ och kropp bevaras hela, så att ni är utan fläck vid vår Herre Jesu Kristi ankomst"
(1 Tessalonikerbrevet 5:23).

Teologer har debatterat kring människans element, mellan dikotomteorin och trikotomteorin. Dikotomteorin hävdar att människan består av två delar: själ och kropp, medan trikotomteorin hävdar att det finns tre delar: ande, själ och kropp. Denna bok är baserad på trikotomteorin.

Kunskap kan vanligtvis kategoriseras som kunskap om Gud och kunskap om människan. Det är väldigt viktigt för oss att få kunskap om Gud medan vi lever våra liv här på denna jord. Vi kan leva framgångsrika liv och få evigt liv om vi förstår Guds hjärta och följer Hans vilja.

Människan skapades till Guds avbild, och utan Gud kan hon inte leva. Utan Gud kan människan inte riktigt förstå sitt ursprung heller. Vi kan bara få svar på frågan om människans ursprung när vi vet vem Gud är.

Anden, själen och kroppen tillhör ett område som vi inte bara kan förstå med mänsklig kunskap, vishet och kraft. Det är ett område som vi bara kan förstå genom Gud som förstår människans ursprung. Det är samma resonemang med att en datakonstruktör har den professionella kunskapen angående datorns struktur och principer och kan lösa alla problem som har med datorns funktion att göra. Denna bok är full av andlig kunskap om den fjärde dimensionen som ger oss tydliga svar på frågorna om ande, själ och kropp.

Det speciella som läsare kan lära sig från denna bok inbegriper följande:

1. Genom andlig kunskap om ande, själ och kropp, som är människans komponenter, kan läsare se in i sitt "jag" och få insikt om själva livet.

2. De kan komma till full självinsikt när det gäller vilka de verkligen är och vilket slags "jag" de har skapat. Denna bok visar vägen för läsare att inse vilka de är genom det aposteln Paulus sade i 1 Korinterbrevet 15:31, *"Jag dör varje dag"* och att uppnå helighet och bli en andlig människa som Gud vill ha.

3. Vi kan bara undgå att bli fångade av fienden djävulen och Satan, och få kraft att besegra mörkret när vi förstår oss själva. Som Jesus sade, *"Om han nu kallar dem som fick Guds ord för gudar – och Skriften kan inte göras om intet"* (Johannes 10:35) visar denna bok en genväg för läsarna att få del av Guds gudomliga natur och ta emot alla välsignelser som Gud har utlovat.

Ande, Själ och Kropp I
Innehållsförteckning

Förord

Påbörja resan mot Ande, Själ och Kropp

DEL 1 Köttets formation

Kapitel 1	Begreppet Kött	2
Kapitel 2	Skapelsen	12

    1. Den gåtfulla uppdelningen av sfären
    2. Fysisk värld och andlig värld
    3. Människor med ande, själ och kropp

Kapitel 3	Människan i den fysiska världen	38

    1. Livets säd
    2. Hur människan började existera
    3. Samvete
    4. Köttets gärningar
    5. Kultivering

DEL 2 Själens formation
(Hur själen agerar i den fysiska världen)

Kapitel 1	Själens formation	86

    1. Definition på själen
    2. Olika agerande av själen i den fysiska världen
    3. Mörker

Kapitel 2	Jaget	128
Kapitel 3	Det som har med köttet att göra	144
Kapitel 4	Bortom "levande ande"-nivån	162

DEL 3 Återhämta anden

Kapitel 1	Ande och hel ande	176
Kapitel 2	Guds ursprungliga plan	200
Kapitel 3	Sann människa	210
Kapitel 4	Den andliga världen	226

Ande, Själ och Kropp II
Innehållsförteckning

DEL 1 Oändlig rymd i den andliga världen

Kapitel 1 Mörker och ljus
Kapitel 2 Kvalifikationer för att komma in till Ljusets sfär

DEL 2 Ande, själ och kropp i den andliga världen

Kapitel 1 Olika boplatser
Kapitel 2 Ande, själ och kropp i den andliga världen

DEL 3 Överskrida mänskliga begränsningar

Kapitel 1 Guds sfär
Kapitel 2 Guds avbild

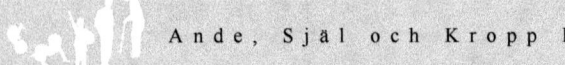

Ande, Själ och Kropp I

DEL 1

Köttets formation

Vad är människans ursprung?
Var har vi kommit ifrån och vart är vi på väg?

> Du har skapat mina njurar,
> Du sammanvävde mig i moderlivet.
> Jag tackar dig
> för att jag är så underbart skapad.
> Ja, underbara är dina verk,
> min själ vet det så väl.
> Benen i min kropp var ej osynliga för dig,
> när jag formades i det fördolda
> när jag bildades i jordens djup.
> Dina ögon såg mig när jag ännu var ett outvecklat foster.
> Alla mina dagar blev skrivna i din bok,
> De var bestämda innan någon av dem hade kommit.
> - Psaltaren 139:13-16

Kapitel 1

Begreppet Kött

Människokroppen som återvänder till en handfull stoft allt efter tidens tand; allt människan äter; allt människan ser, hör, och njuter av; och allt vad människan gör – allt detta är exempel på 'kött'.

- Vad är kött?

- Om människan förblir i köttet är hon ovärdig och utan värde

- Allt i universum har olika dimensioner

- Högre dimensioner undertrycker och utövar kontroll över lägre dimensioner

Genom hela mänsklighetens historia har man letat efter svaret på frågan "Vad är människan?" Svaret på den frågan kommer att ge oss svar på andra frågor också, såsom "Varför lever vi?" och "Hur borde vi leva våra liv?" Det har studerats, forskats och resonerats oerhört mycket om människans existens genom filosofin och religionen, men det är inte lätt att hitta ett tydligt och allomfattande svar.

Trots det försöker människor hela tiden finna svaret på frågorna "Vilken slags varelse är människan?" och "Vem är jag?" Sådana frågor ställs eftersom svaret på dessa frågor mycket väl kan leda till lösning på mänsklighetens fundamentala problem. Studier i denna värld kan inte ge ett klart och tydligt svar på dessa frågor, men Gud kan. Han skapade universum och allt däri, och Han skapade människan. Guds svar är det korrekta svaret. Vi kan finna ledtrådar till dessa frågor i Bibeln, som är Guds Ord.

Teologer kategoriserar frekvent de delar människan består av till två kategorier, hennes "själ" och hennes "kropp". Den del som innehåller mentala delar kategoriserar som "själen" och den del som består av synliga och fysiska aspekter kallas för "kroppen".

Men Bibeln kategoriserar människans sammansättning i tre delar: ande, själ och kropp.

I 1 Tessalonikerbrevet 5:23 står det, *"Må fridens Gud själv helga er helt och fullt, och må er ande, själ och kropp bevaras hela, så att ni är utan fläck vid vår Herre Jesu Kristi ankomst"*. Ande och själ är inte samma sak. Det är inte bara orden som skiljer sig åt, utan de är i grunden olika. För att kunna förstå vad "människa" är, måste vi lära oss vad kropp, själ och ande är.

Vad är kött?

Låt oss först titta på hur ordboken definiera ordet "kött". Svenska Akademins ordlista säger att kött är "de under huden belägna (av muskulatur m.m. bestående) mjuka delarna av kroppen hos människor o. djur; muskulatur (o. fett), muskelvävnad (o. fettvävnad); motsatt: ben, inälvor o.d". Man skulle också kunna säga de ätbara delarna av ett djur. Men för att förstå vad "kött" betyder i bibliska termer, måste vi förstå den andliga betydelsen snarare än ordbokens definition.

Bibeln använder ofta ord som "kropp" och "kött". I de flesta fall har de den andliga betydelsen. Med andliga termer används ordet köttet generellt för sådant som förgås, förändras och slutligen försvinner genom tidens tand. Det är också sådant som är smutsigt och orent. Träd som har gröna löv, kommer en dag att torka och dö, och de har grenar och stammar som kanske blir till ved. Träden, växterna och allt i naturen går under, förruttnas och försvinner allt eftersom tiden går. Alltså är allt det kött.

Hur är det med människan, herren över allt skapat? Idag har vi drygt 7 miljarder människor på jorden. Till och med i denna stund föds barn på en eller annan plats på jorden, samtidigt som det på andra platser dör människor i denna stund. När de dör återvänder deras kroppar till en handfull med stoft, och de är också kött. Maten som blir uppäten, språk som talas, alfabet som skriver ner tankar, och vetenskaplig och teknologisk civilisation som människorna behöver är också alla kött. De går under, förändras och dör ut allt eftersom tiden går. Allt vi därför ser på denna jord och allt i universum som vi känner till är "kött".

Människor som har lämnat Gud är köttsliga varelser. Det som de skapar är också "kött". Vad är det som köttsliga människor utvecklar och söker efter? De söker endast efter köttets begär, ögonens begär, och högmod över livets goda. Till och med den civilisation som människan har utvecklat är till för att tillfredsställa människans fem sinnen. Den är till för att söka njutningar och att uppfylla människans köttsliga lust och begär. Allt eftersom tiden har passerat har människor i allt högre utsträckning sökt efter mer och mer sensuella och provocerande ting. Ju mer civilisationen utvecklats, desto mer lustfyllda och korrumperade har människorna blivit.

Det finns ett synligt "kött", men också ett osynligt "kött". Bibeln säger att hat, gräl, avundsjuka, mord, äktenskapsbrott och alla karaktärsdrag som är sammankopplade med synd, är kött. Precis som doften från blommorna, luften och vinden existerar trots att de är osynliga, finns det också en osynlig, syndfull natur i människans hjärta. Allt detta är också "kött". Kött är alltså den generella termen för allt i universum som går under och förändras över tid, samt all osanning som synder, ondska, orättfärdighet och laglöshet.

Romarbrevet 8:8 säger, *"De som följer sin syndiga natur kan inte behaga Gud"*. Om "natur" i denna vers bara betyder människans fysiska kropp, betyder det att ingen människa någonsin kan behaga Gud. Därför måste det ha en annan betydelse.

Jesus sade också i Johannes 3:6, *"Det som är fött av köttet är kött, och det som är fött av Ande är ande"* och i Johannes 6:63, *"Det är Anden som ger liv, köttet är inte till någon nytta. De ord som jag har talat till er är Ande och liv"*. Även här handlar "kött" om det som förgår och förändras, och det är därför som Jesus sade att det inte är till någon nytta.

Om människan förblir i köttet är hon ovärdig och utan värde

Till skillnad från djur söker människor vissa värden baserat på deras känslor och tankar. Men värdena är inte eviga och därför är också det kött. Det som människor anser vara värdefullt som rikedom, berömmelse, och kunskap är också meningslösa ting som snart kommer förgås. Hur är det då med känslan som kallas "kärlek"? När två människor sällskapar kanske de påstår att de inte kan leva utan varandra. Men många av dessa par ändrar sig efter att de har gift sig. De blir lätt arga och frustrerade och till och med våldsamma när de inte tycker om något. Alla dessa förändringar i känslolivet är också kött. Om människan förblir i köttet är det inte särskilt stor skillnad mellan henne, djuren och växterna. I Guds ögon är allt detta just kött som kommer förgås och försvinna.

1 Petrusbrevet 1:24 säger, *"Ty allt kött är som gräset och all dess härlighet som blomman i gräset. Gräset vissnar bort och blomman faller av"* och Jakobs brev 4:14 säger, *"Ni vet inget om morgondagen. Vad är ert liv? Ni är en rök, som syns en liten stund och som sedan försvinner"*.

Kroppen och människans alla tankar är alltigenom värdelösa eftersom de har övergett Guds Ord som är ande. Kung Salomo fick njuta av all ära och lyx som en människa kan njuta av på denna jord, men till och med han insåg köttets meningslöshet och sade, *"Förgänglighet och åter förgänglighet! Förgänglighet och åter förgänglighet! Allt är förgängligt. Vad vinner en människa med all sin möda, som hon gör sig under solen?"* (Predikaren 1:2-3)

Allt i universum har olika dimensioner

Dimensioner i fysik eller matematik bestäms av en av tre koordinater och bestämmer en position i ett utrymme. En punkt på en linje har en koordinat och är endimensionell. På samma sätt har en punkt i en rymd tre koordinater, vilket gör den tredimensionellt.

Den rymd vi lever i definieras i fysiktermer som en tredimensionell värld. I en djupare del av fysiken anser man att tiden är den fjärde dimensionen. Det är den förståelse man har för dimensioner inom naturvetenskapen.

Men sett ur dimensionen ande, själ och kropp, kan dimensionen allmänt sett delas in i den fysiska dimensionen och den andliga dimensionen. Den fysiska dimensionen är återigen kategoriserad i "icke-dimensionell" och "tredimensionell". Termen icke-dimensionell används för ting som inte har något liv. Stenar, jord, vatten och metaller tillhör denna kategori. Allt levande tillhör den endimensionella, tvådimensionella eller den tredimensionella kategorin.

Den endimensionella kategorin innehåller ting som har liv och anda men som inte kan röra sig runt, de har ingen funktionell mobilitet. Denna dimension innefattar blommor, gräs, träd och andra växter. De har en kropp, men ingen själ eller ande.

Den tvådimensionella kategorin innehåller levande ting som har anda, kan röra sig, och har en kropp och en själ. Det är djur som lejon, kor, och får. Det är fåglarna, fiskarna och insekterna. Hundar kan känna igen sin ägare och skälla på inkräktare, eftersom de har en själ.

Den tredimensionella kategorin innefattar ting som har anda, rör sig runt och har en själ och en ande som finns inom deras synliga kroppar. Det är människor som är herre över allt skapat. Till skillnad från djur har människan en ande. Hon kan tänka och söka Gud, och hon kan tro på Gud.

Det finns också en fjärde dimension som är osynlig för våra ögon. Det är den andliga dimensionen. Gud som är ande, den himmelska härskaran, änglarna och keruberna tillhör alla den andliga dimensionen.

En högre dimension undertrycker och utövar kontroll över lägre dimensioner

Den andra dimensionens varelser kan undertrycka och utöva kontroll över varelserna i den första dimensionen samt ting i icke-dimensioner. Tredimensionella varelser kan kuva och utöva kontroll över varelserna i den andra samt varelser i lägre dimensioner. Lägre dimensioners varelser kan inte förstå dimensioner som är högre än deras egen. Den första dimensionens livsformer kan inte förstå den andra dimensionens och den andra dimensionens livsformer kan inte förstå den tredje dimensionens. När en person till exempel sår ett slags frö i jorden, vattnar det, och tar hand om det slår fröet rot, växer upp till ett träd, och bär frukt. Fröet förstår inte vad människan gjorde med det. Inte ens maskar som trampas ner av människor och dör förstår varför. De högre dimensionerna kan kuva och kontrollera varelser i lägre dimensioner, men allmänt sett har lägre dimensioner inget annat val än att bli styrd av högre dimensioner.

På liknande sätt förstår människor, som är tredimensionella varelser, inte den andliga världen som tillhör den fyrdimensionella världen. Därför kan köttsliga människor inte göra något åt demoners kontrollerande och underkuvande. Men, om vi gör oss av med köttet och blir andliga människor, kan vi komma in i den fjärde dimensionen. Då kan vi underkuva och besegra onda andar.

Gud som är ande vill att Hans barn ska förstå den fjärde dimensionens värld. På det sättet kan de förstå Guds vilja, lyda Honom och få liv. Innan Adam åt från trädet med kunskap om gott och ont, i 1 Mosebok kapitel 1, styrde och rådde han över allt. En gång i tiden hade Adam varit en levande ande och tillhört den fjärde dimensionen. Men efter att han syndade dog hans ande. Inte bara Adam utan alla hans efterkommande började nu tillhöra den tredje dimensionen. Låt oss då se på hur människor, som blev skapade av Gud, föll ner till den tredje dimensionen och hur de kan komma tillbaka till den fjärde dimensionen!

Kapitel 2
Skapelsen

Gud Skaparen hade en fantastisk plan för mänsklig kultivering. Han delade Guds sfär till en andlig och fysisk värld och Han skapade himlar och jord och allt vad därpå är.

1. Den gåtfulla uppdelningen av sfären

2. Fysisk värld och andlig värld

3. Människor med ande, själ och kropp

Sedan före tidernas begynnelse har Gud existerat ensam i universum. Han existerade som Ljuset och styrde över allt och rörde sig genom universums oändliga rymd. I 1 Johannes brev 1:5 står det att Gud är Ljus. Det handlar primärt om andligt ljus, men också om att Gud existerade som Ljuset i begynnelsen.

Ingen har fött Gud. Han är den perfekta varelsen som existerar av sig själv. Därför kan vi inte ens försöka förstå Honom med vår begränsade kraft och kunskap. Johannes 1:1 innehåller hemligheten om "begynnelsen". Det står, *"I begynnelsen var Ordet"*. Det är förklaringen till Guds form, hur Han hade Ordet i det gåtfulla och de vackraste ljusen och styrde över alla sfärer i universum.

Ordet "begynnelsen" hänvisar till en punkt före evigheten, en punkt som människan inte kan föreställa sig. Det är till och med innan "begynnelsen" i 1 Mosebok 1:1, som är skapelsens begynnelse. Så vad hände innan världens skapelse?

1. Den gåtfulla uppdelningen av sfären

Den andliga världen är inte långt borta. I den synliga skyn finns det på olika ställen portar som är sammankopplade med den andliga världen.

Efter att en mycket lång tidsperiod hade passerat ville Gud ha någon som Han kunde dela sin kärlek och allt annat med. Gud har både gudomlighet och mänsklighet och på grund av det ville Han dela allt Han har med någon hellre än att njuta av det helt själv. Med detta i sinnet gjorde Han upp en plan om mänsklig kultivering. I planen ingår att skapa människan, välsigna dem så att de blir många och förökas, få oändligt många själar att efterlikna Gud, och samla dem in i himmelriket. Det är precis som när en bonde odlar säd, samlar in skörden och förvarar den i förrådshus.

Gud visste att det skulle finnas ett behov för en andlig värld där Han skulle bo, och en fysisk värld där den mänskliga kultiveringen skulle utföras. Han delade det oändliga universum i en andlig värld och en fysisk värld. Från den stunden började Gud existera som Gud Treenigheten, som Gud Fadern, Gud Sonen och Gud den Helige Ande. Det skedde för att den mänskliga kultiveringen i framtiden skulle kunna utföras och att Frälsaren Jesus och Hjälparen den Helige Ande skulle behövas.

Uppenbarelseboken 22:13 säger, *"Jag är A och O, den förste och den siste, begynnelsen och änden"*. Det är en hänvisning till Gud Treenigheten. A och O [Alfa och Omega] står för

Gud Fadern som är början och slutet på all kunskap och den mänskliga civilisationen. "Den förste och den siste" står för Gud Sonen, Jesus, som är den förste och den siste med mänsklig frälsning. "Begynnelsen och änden" står för den Helige Ande som är begynnelsen och slutet av den mänskliga kultiveringen.

Sonen Jesus utför Frälsarens uppgifter. Den Helige Ande vittnar om Frälsaren som Hjälparen och Han fullbordar den mänskliga kultiveringen. Bibeln uttrycker den Helige Ande på flera olika sätt och jämför Honom med en duva eller eld, och det talas om Honom som "Guds Sons Ande". Galaterbrevet 4:6 säger, *"Och eftersom ni är söner, har Gud sänt i våra hjärtan sin Sons Ande som ropar: 'Abba! Fader'!"* Även Johannes 15:26 säger, *"När Hjälparen kommer, som jag skall sända er från Fadern, sanningens Ande, som utgår från Fadern, då skall han vittna om mig"*.

Gud Fadern, Sonen och den Helige Ande tog särskilda former för att fullfölja den omsorgsfulla planen för mänsklig kultivering, och de diskuterade alla planer tillsammans. Det visas i det som är skrivet om skapelsen i 1 Mosebok kapitel 1.

När 1 Mosebok 1:26 säger, *"Gud sade: Låt oss göra människor till vår avbild, till att vara oss lika"*, betyder detta inte att människan bara skapades till Gud Faderns, Sonens och den Helige Andes likhet till det yttre. Det betyder att anden, som är människans grundval, är given av Gud och denna ande är lik den helige Guden.

Den fysiska världen och den andliga världen

När Gud existerade ensam behövde Han inte skilja på en fysisk värld och en andlig värld. Men på grund av den mänskliga kultiveringen fanns det ett behov för en fysisk värld där människorna skulle bo. Därför separerade han den fysiska världen från den andliga.

Men separeringen mellan den fysiska och den andliga världen betyder inte att det delades in i två helt skilda delar som när vi skär något i två halvor. Ta till exempel två gaser i ett rum. Vi lägger till en kemikalie så att den ena gasen ser röd ut och kan därför särskiljas från den andra gasen. Fast det är två gaser i rummet kan våra ögon endast se den gasen som verkar vara röd. Trots att den andra gasen inte syns finns den ändå där.

På liknande sätt separerade Gud den andliga sfären i två delar – den synliga fysiska världen och den osynliga andliga världen. Självklart existerar inte den fysiska och den andliga världen på samma sätt som i exemplet om de två gaserna. De verkar vara åtskilda men överlappar varandra. Och samtidigt som de verkar överlappa varandra är de också åtskilda.

Som bevis på att den fysiska och andliga världen existerar åtskilda och på ett gåtfullt sätt har Gud placerat portar till den andliga världen på olika platser i universum. Den andliga världen finns inte någonstans långt borta.

När Stefanus var uppfylld av Anden och såg Jesus stå vid Guds högra sida, var det på grund av att hans andliga ögon var öppnade och en port till andevärlden hade öppnats (Apostlagärningarna 7:55-56).

Elia togs levande upp till himlen. Den uppståndne Herren Jesus uppsteg till himlen. Mose och Elia uppenbarade sig på Förklaringsberget. Vi kan förstå hur dessa händelser är verkliga händelser om vi erkänner det faktum att det finns portar till den andliga världen.

Universum är oerhört stort och möjligen oändligt i volym. Den region som är synbar från Jorden (det synbara universum) är en sfär med en radie på ungefär 46 miljarder ljusår.[1] Om den andliga världen tar över där universum tar slut skulle det, med den snabbaste rymdfärjan, ta uppemot en evighet i tid att komma till den andliga världen. Kan du tänka dig det avstånd som änglarna skulle vara tvungna att resa igenom för att röra sig mellan andevärlden och den fysiska världen? Men med dessa portar till andevärlden, som kan öppnas och stängas, kan man resa mellan andevärlden och den fysiska världen lika lätt som att gå igenom en dörr.

Gud gjorde fyra himlar

Efter att Gud delade universum till en andlig värld och en

---

[1] Lineweaver, Charles; Tamara M. Davis (2005). "Misconceptions about the Big Bang". Scientific American. Retrieved 2007-03-05.

fysisk värld, åtskilde Han dem med flera himlar beroende på behovet. Bibeln nämner att det inte bara finns en himmel utan flera. Den säger oss faktiskt att det finns många andra himlar än den vi kan se med våra fysiska ögon.

I 5 Mosebok 10:14 står det, *"Se, himlarna och himlarnas himmel, jorden och allt som är på den tillhör HERREN, din Gud".* och i Psaltaren 68:34, *"honom som far fram på urtidshimlarnas himmel. Se, han låter sin röst höras, en mäktig röst".* Och kung Salomo sade i 1 Kungaboken 8:27, *"Men kan då Gud verkligen bo på jorden? Se himlarna och himlarnas himmel rymmer dig inte. Hur mycket mindre då detta hus som jag har byggt!"*

Gud använde ordet "himmel" för att tala om andevärlden, så att vi lättare kan förstå de utrymmen som tillhör den andliga världen. "Himlarna" blev generellt kategoriserade i fyra himlar. Hela den fysiska rymden som inkluderar Jorden, vårt solsystem, vår galax och hela universum ingår i den första himlen.

Andra himlen och de övriga är andliga utrymmen. Edens lustgård och utrymmet för onda andar ligger i den andra himlen. Efter att Gud hade skapat människan skapade Han också Edens lustgård, vilket är området fyllt av ljus i den andra himlen. Gud placerade människan i lustgården och lät henne råda och styra över allting (1 Mosebok 2:15).

Guds tron finns i den tredje himlen. Det är himmelriket dit Guds barn som har tagit emot frälsning genom mänsklig kultivering kommer för att bo.

Den fjärde himlen är ursprungshimlen där Gud ensam

existerade förut som Ljuset, innan Han delade upp rymden. Denna himmel är en gåtfull sfär där allt uppfylls som Gud har i sina tankar, oavsett vad det är. Det är också en plats som inte begränsas av tid och rum.

2. Fysisk värld och andlig värld

Vad är orsaken till att så många teologer har försökt finna Edens lustgård, men inte lyckats? Det beror på att Edens lustgård finns i den andra himlen, som finns i andevärlden.

Den rymd som Gud delade kan delas in i en fysisk sfär och en andlig sfär. För sina barn Han skulle få från den mänskliga kultiveringen gjorde Gud himmelriket i den tredje himlen och Han placerade Jorden i den första himlen, som är platsen för den mänskliga kultiveringen.

1 Mosebok kapitel 1 belyser kortfattat Guds sexdagarsskapelse. Gud gjorde inte en fullständig och perfekt jord från början. Han lade först grunden med marken och sedan himlen genom jordskorpans rörelser och många meterologiska fenomen. Gud gjorde stora insatser under en lång tid och ibland kom Han till och med ner till Jorden i egen hög person för att se hur det gick, för Jorden var den plats där Han skulle få fram älskade, äkta barn.

Foster växer upp i skydd av fostervattnet i livmodern. Efter att Jorden formats och grunden blivit lagd, blev Jorden på liknande sätt övertäckt att mängder med vatten, och detta vatten var livets vatten som kom från den tredje himlen. Jorden blev slutligen färdigställd som grunden för allt levande att leva på efter att livets vatten hade övertäckt den. Då började Gud sin skapelse.

Den fysiska världen, grunden för mänsklig kultivering

När Gud sade, "Varde ljus" på den första skapelsedagen kom ett andligt ljus ut från Guds tron och övertäckte Jorden. Med detta ljus blev Guds eviga kraft och gudomliga natur inbäddad i allting och allting blev satt under naturlagarnas kontroll (Romarbrevet 1:20).

Gud skiljde ljuset från mörkret och kallade ljuset "dag" och mörkret för "natt". Gud insatte lagen om dag och natt och tidens gång till och med innan Han skapade solen och månen.

På den andra dagen gjorde Gud fästet och lät det skilja vattnet som övertäckte Jorden så det blev vatten nedanför fästet och vatten ovanför fästet. Gud kallade fästet himmel, vilket är skyn som är synlig för våra ögon. Nu hade den grundläggande miljön skapats, som kunde understödja allt levande. Luften gjordes för levande varelser att andas in, molnen och himlen gjordes, där meterologiska fenomen skulle uppträda.

Vattnet under fästet är det vatten som finns kvar på Jordens yta. Det är källan till vattnet som skulle forma oceanerna, havet, sjöarna och floderna (1 Mosebok 1:9-10).

Vattnet ovanför fästet reserverades för Eden i den andra himlen. På tredje dagen gjorde Gud så att vattnet nedanför fästet samlades till en plats för att skilja havet från fastlandet. Han skapade också gräset och växterna.

På den fjärde dagen skapade Gud solen, månen och stjärnorna

och lät dem råda över dag och natt. På den femte dagen gjorden Han fiskarna och fåglarna. Slutligen på sjätte dagen skapade Gud alla djur och människor.

Den osynliga andliga världen

Edens lustgård ligger i den andliga världen, i den andra himlen, men den andliga världen skiljer sig från den andliga världen i tredje himlen. Det är inte helt och hållet en andlig värld eftersom den kan samexistera med den fysiska världen. Enkelt sagt, det är som ett mellanstadium mellan kött och ande. Efter att Gud hade skapat människan som en levande ande, planterade Han lustgården österut, i Eden, och Han förde mannen till lustgården (1 Mosebok 2:8).

Ordet "österut" är här ingen hänvisning till det fysiska väderstrecket. Det har en speciell betydelse av "ett område omgivet av ljus". Fortfarande i dag tror många teologer att Edens lustgård låg någonstans mellan floderna Eufrat och Tigris och trots att de har gjort stora efterforskningar och utfört många arkeologiska utgrävningar har man inte kunnat finna några spår av lustgården. Det beror på att den lustgård som den "levande anden" Adam en gång bodde i, finns i den andra himlen, som tillhör andevärlden.

Edens lustgård är ett vida utsträck område, långt bortom vår föreställningsförmåga. De barn som Adam fick innan han begick synd bor fortfarande där, och fortsätter att föda fler barn. Edens lustgård har inget begränsat utrymme och kan därför inte bli överbefolkat, oavsett hur lång tid det går.

Men i 1 Mosebok 3:24 kan vi läsa att Gud placerade ut keruber och det flammande svärdet som är vänt åt alla riktningar österut från Edens lustgård. Det beror på att lustgårdens östra sida ligger intill mörkrets område. De onda andarna ville alltid komma in i lustgården av flera olika orsaker. För det första ville de fresta Adam, och för det andra ville de få tag på frukten från livets träd. De ville ha evigt liv genom att äta frukten och så kunna stå emot Gud för evigt. Adam hade i uppgift att beskydda Edens lustgård från mörkrets makter. Men eftersom Adam blev lurad av Satan att äta från trädet med kunskap om gott och ont, och drevs ut till denna jord, har keruberna och det flammade svärdet tagit över hans uppgift.

Vi kan dra slutsatsen att området av ljus där Edens lustgård är beläget och området av mörkret för de onda andarna samexisterar i den andra himlen. Området av ljus i den andra himlen är också platsen där de troende kommer att ha den sjuåriga bröllopsfesten med Herren efter Hans andra återkomst. Det området är betydligt vackrare än Edens lustgård. Alla som har blivit frälsta sedan världens skapelse kommer att delta och man kan bara föreställa sig hur enormt stort det kommer att bli.

Det finns också en tredje och fjärde himmel i den andliga

världen, och mer detaljer om det kommer att ges i den andra volymen av *Ande, Själ och Kropp*. Orsaken till att Gud skilde den fysiska världen och den andliga världen åt och kategoriserade dem i olika sfärer, är för oss människors skull. Det gjordes i den stora omsorgen för den mänskliga kultiveringen för att få sanna barn. Och nu till människans beståndsdelar – vad är vi skapade av, och hur?

3. Människor med ande, själ och kropp

Mänsklighetens historia nedskriven i Bibeln började med den tid då Adam drevs ut till denna jord på grund av hans synd. Denna historia inkluderar inte den tid då Adam levde i Edens lustgård.

1) Adam, en levande ande

För att kunna börja förstå det grundläggande om människan måste man förstå den första människan, Adam. Gud skapade Adam som en levande ande för mänsklig kultivering. 1 Mosebok 2:7 förklarar skapandet av Adam, *"Och HERREN Gud formade människan av stoft från jorden och blåste in livsande i hennes näsa. Så blev människan en levande själ"*.

Materialet som Gud använde för att skapa Adam med var stoft från jorden. Det var för att människan skulle gå igenom den mänskliga kultiveringen på den här jorden (1 Mosebok 3:23).

Det berodde också på att jord, som är stoftet från marken, förändras i sin konsistens beroende på det som läggs till det.

Det var inte bara för att göra människans form som Gud använde stoftet från marken utan även hennes inre organ, ben, blodkärl och nerver skapades av det. En skicklig krukmakare skulle kunna göra dyrbart porslin med bara en handfull fin lera. Så skön människan måste ha varit eftersom Gud skapade henne till sin avbild!

Adam skapades med ren, mjölkvit hy. Han var kraftigt byggd och hans kropp var perfekt från huvud till tår, likväl som alla hans organ och varje cell i hans kropp. Han var vacker. När Gud blåste in sin livsande i Adam blev han en levande varelse, vilket är en levande ande. Det är som en välgjord och iskruvad glödlampa som inte kan lysa av sig själv om den inte har elektricitet. Den kan bara lysa när elektriciteten ges. Efter att Adam fått livsanden från Gud började hans hjärta slå, hans blod cirkulera och alla organ och celler fungera. Hans hjärna började fungera, hans ögon se, hans öron höra, och hans kropp röra sig som han önskade sig, men det skedde först efter att han fått livsanden i sig.

Livsanden är Guds krafts kristall. Det kan också kallas Guds energi. Grundläggande är det kraftkällan till att fortsätta att leva. Efter att Gud hade blåst in sin livsande i Adam, fick Adam en andlig form som såg likadan ut som hans kropp. Precis som Adam hade en form för sin fysiska kropp, fick även hans ande en form som såg exakt likadan ut som hans kropp. Detta kommer att förklaras mer detaljerat i den andra volymen av denna bok.

Adams kropp, som nu var en livande ande, bestod av en oförgänglig kropp av kött och ben. Kroppen hade anden inom sig som kunde kommunicera med Gud och en själ som skulle assistera anden. Själen och kroppen lydde anden, och det var så han höll Guds Ord och kommunicerade med Gud som är ande.

Men när Adam först skapades hade han en kropp som var lika stor som en vuxen, men han hade ingen kunskap alls. Precis som ett spädbarn kan få en fin karaktär och kan bli en produktiv del i samhället genom utbildning behövde även han få kunskap i sig. Så efter att Gud placerat honom in i Edens lustgård undervisade Gud Adam i kunskapen om sanningen och kunskapen om anden. Gud lärde honom hur allt i universum är i harmoni, om lagarna i den andliga världen, om sanningens Ord, och den obegränsade kunskapen om Gud. Det var därför som Adam kunde lägga jorden under sig och råda över den.

Leva under tidsperiod som är svår att uppskatta

Den levande anden Adam hade andlig kunskap och vishet och styrde över Edens lustgård och Jorden som herre över alla varelser. Gud tyckte inte att det var bra att han var ensam så Han skapade en kvinna, Eva, från ett av hans revben. Gud gjorde henne till en lämplig hjälpare år honom och lät dem bli en kropp. Frågan är nu då, hur lång tid levde de i Edens lustgård?

Bibeln ger inte svar på det men de levde där under en mycket, mycket lång tid. Men vi finner dock i 1 Mosebok 3:16 att det står, *Till kvinnan sade han [Gud]: "Jag skall göra din möda stor när du blir havande. Med smärta skall du föda dina barn. Till din man skall din lust vara, och han skall råda över dig".*

Som ett resultat av synden Eva begick blev hon förbannad och i förbannelsen ingick att föda barn med smärta. Med andra ord hade hon fött barn tidigare i Edens lustgård, innan hon blev förbannad, men att det inte hade varit särskilt smärtsamt. Adam och Eva var levande andar och det var inte tänkt att de skulle åldras. Därför levde de under en lång, lång tid och förökade sig.

Många människor tror att Adam åt från trädet med kunskap om gott och ont strax efter att han blev skapad. Somliga ställer sig till och med denna fråga: "Eftersom människans historia i Bibeln bara är runt 6 000 år, hur kan det då komma sig att man hittar fossiler som är flera hundratusentals år gamla?"

Mänsklighetens historia som är nedskriven i Bibeln började från den tid då Adam blev utdriven till denna jord efter att han hade syndat. Den inkluderar inte den tid som han levde i Edens lustgård. Medan Adam levde i Edens lustgård gick Jorden igenom mycket som till exempel jordskorpans rörelse och geografiska förändringar samt att olika levande varelser förökade sig och dog ut. En del av dem blev fossiler. På grund av detta finner man fossiler som anses vara flera miljoner år gamla.

2) Adam syndade

När Gud placerade Adam i Edens lustgård var det en sak som Han uttryckligen förbjöd Adam att göra. Han sade till Adam att han inte skulle äta från trädet med kunskap om gott och ont. Men efter att en lång tid hade passerat åt Adam och Eva ändå från trädet. De drevs ut från Edens lustgård till Jorden, och då påbörjades den mänskliga kultiveringen.

Hur kommer det sig att Adam syndade? Det fanns en varelse som var ute efter den stora auktoritet som Adam hade fått från Gud. Det var Lucifer, huvud över alla onda andar. Lucifer tänkte att hon var tvungen att få auktoriteten från Adam för att kunna stå emot Gud och vinna segern. Hon tänkte ut en utstuderad plan och använde en orm, som var listig.

Som det står i 1 Mosebok 3:1, *"Men ormen var listigare än alla andra markens djur som HERREN Gud hade gjort"* hade ormen som skapats av lera en listig natur.

På grund av det var sannolikheten större att den skulle acceptera den onda listigheten mer än andra djur. Ormens karaktärsdrag hetsades av onda andar och den blev deras verktyg för att fresta människan.

Onda andar frestar alltid människan

På den tiden hade Adam så stor auktoritet att han styrde över både Edens lustgård och Jorden, så det var inte lätt för ormen att fresta Adam direkt. Det var därför den valde att fresta Eva först. Ormen frågade henne listigt, *"Har Gud verkligen sagt: Ni får inte äta av alla träd i lustgården?"* (v. 1) Gud hade aldrig befallt Eva något. Befallningen hade getts till Adam. Men ormen ställde frågan som om Gud hade gett befallningen direkt till Eva. Det står att Eva svarade så här, *"Kvinnan svarade ormen: 'Vi får äta av frukten från träden i lustgården, men om frukten på det träd som står mitt i lustgården har Gud sagt: Ät inte av den och rör inte vid den, ty då kommer ni att dö'"* (1 Mosebok 3:2-3).

Gud hade sagt, *"... ty den dag du äter av det skall du döden dö"* (1 Mosebok 2:17) men Eva sade till ormen, "då kommer ni att dö". Du kanske tycker att den där lilla skillnaden inte kan betyda så mycket, men det bevisar att hon hade bevarat Guds Ord korrekt i sitt sinne. Det är också ett uttryck för att hon inte riktigt trodde på Guds Ord. När ormen såg att Eva ändrade på Guds Ord började den fresta henne mer aggressivt.

1 Mosebok 3:4-5 säger, *"Då sade ormen till kvinnan: 'Ni skall visst inte dö! Men Gud vet att den dagen ni äter av den skall era ögon öppnas, så att ni blir som Gud med kunskap om gott och ont'"*.

När Satan intog ormen för att plantera lusta i Evas tankar fick han trädet med kunskap om gott och ont att verka se annorlunda ut för Eva för det står, *"... trädet var gott att äta av och en fröjd för ögat. Trädet var lockande eftersom man fick förstånd av det..."* (v. 6).

Eva hade aldrig trott att hon skulle gå emot Guds Ord men när lustan hade slagit rot i henne, åt hon till slut av trädets frukt. Hon gav det till sin man Adam, och han åt också.

Adam och Evas bortförklaringar

I 1 Mosebok 3:11 frågade Gud Adam, *"Har du ätit av det träd som jag förbjöd dig att äta av?"*

Gud kände till hela situationen, men Han ville att Adam skulle erkänna sitt fel och omvända sig. Men Adam svarade, *"Kvinnan som du har satt vid min sida, hon gav mig av trädet, och jag åt"* (v. 12). Adam antydde att om inte Gud hade gett honom kvinnan, skulle han aldrig gjort något sådant. Istället för att inse sitt misstag ville han bara fly från konsekvenserna av vad han hade gjort. Visst var det så att Eva var den som hade gett Adam frukten att äta av. Men eftersom Adam var huvud över kvinnan skulle han tagit ansvar för det som hade hänt.

Sedan frågade Gud kvinnan i 1 Mosebok 3:13, *"Vad är det du har gjort?"* Även om inte Adam tänkte ta sitt ansvar kunde inte Gud inte bortse från den synd som Eva hade begått. Men hon lade skulden på ormen och sade, *"Ormen förledde mig och jag åt"*. Och vad hände med Adam och Eva som begick dessa synder?

Adams ande dog

1 Mosebok 2:17 säger, *"men av trädet med kunskap om gott och ont skall du inte äta, ty den dagen du äter av det skall du döden dö"*.

"Döden" som Gud talar om är inte fysisk död, utan andlig. Att anden dör betyder inte att anden helt plötsligt försvinner totalt. Det betyder att kommunikationen med Gud blir avbruten och inte längre kan fungera. Anden existerar fortfarande, men den kan inte längre få del av andliga ting från Gud. Det är ingen skillnad mellan det och att vara död.

Eftersom Adams och Evas ande hade dött kunde Gud inte längre låta dem stanna kvar i Edens lustgård, som fanns i den andliga världen. 1 Mosebok 3:22-23 säger, *"Se, människan har blivit som en av oss med kunskap om gott och ont. Hon får nu inte räcka ut handen och även ta av livets träd och så äta och leva för evigt. Och HERREN Gud sände bort dem från Edens lustgård, där att de skulle bruka jorden som de tagits från".*

Gud sade "Människan har blivit som en av oss" och det betyder inte att Adam faktiskt blev som Gud. Det betyder att Adam tidigare bara hade känt till sanningen, men precis som Gud både känner till sanning och osanning, började även Adam lära känna osanningen. Som ett resultat av det hade Adam, som en gång varit en levande ande, återvänt till kött. Han var tvungen att möta döden. Han var tvungen att komma tillbaka till denna jord som han hade skapats från av Gud. En köttslig människa kan inte bo i en andlig värld. Och om Adam hade ätit av livets träd skulle han ha levt för evigt. Därför kunde Gud inte längre låta honom bo i Edens lustgård.

3) Återkomsten till den fysiska världen

Allting förändrades efter att Adam hade varit olydig mot Gud och ätit från trädet med kunskap om gott och ont. Han drevs ut till Jorden, en fysisk värld, och han kunde bara skörda genom mödosamt arbete och i sitt anletes svett. Allt hade också lagts under förbannelse och den goda miljön från tiden för Guds skapelse existerade inte längre.

I 1 Mosebok 3:17 står det, *"Till Adam sade han: 'Du*

lyssnade på din hustru och åt av det träd om vilket jag befallt dig: Du skall inte äta av det. Därför skall marken vara förbannad för din skull. Med möda skall du livnära dig av den så länge du lever'''.

I denna vers kan vi förstå att på grund av Adams synd var det inte bara Adam förbannad, utan också allt annat på denna jord, även den första himlen. Allt på Jorden levde i fullkomligt skön harmoni men en annan ordning i den fysiska lagen skapades. På grund av förbannelsen började bakterier och virus existera, och djur och växter började förändras.

I 1 Mosebok 3:18 fortsätter Gud tala till Adam, *"Törne och tistlar skall den bära åt dig".* Eftersom fröna inte kan växa särskilt bra på grund av törne och tistlar kunde Adam endast äta skörden efter hård möda. När marken förbannades började onödiga träd och växter existera. Skadedjur utvecklades. För att kunna göra åkern till ett bördigt fält var han först tvungen att få bort allt det skadliga innan han kunde bruka och kultivera jorden.

Behovet av att kultivera hjärtat

Liksom Adam var tvungen att kultivera jorden startades en liknande process i människan som nu skulle gå igenom mänsklig kultivering på denna jord. Innan människan syndade var hennes hjärta endast rent och oförvitligt och endast kunskap om anden. 1 Mosebok 3:23 säger, *"Och HERREN Gud sände bort dem från Edens lustgård, för att de skulle bruka jorden som de tagits från"*. Denna vers liknar Adam, som skapats från markens stoft, med jorden han tagits från. Det betyder att han nu skulle få kultivera sitt hjärta.

Innan han syndade hade han inte behövt kultivera sitt hjärta, för han hade ingen ondska i sitt hjärta.

Men efter hans olydnad började fienden djävulen och Satan kontrollera människan. De planterade mer och mer köttsliga ting i människans hjärta. De planterade hat, vrede, arrogans, äktenskapsbrott, etc. Allt detta började växa upp som törnen och tistlar i hjärtat. Mänskligheten blev allt mer fläckad av kött.

Att "bruka/kultivera den jord som vi tagits ifrån" betyder att vi måste acceptera Jesus Kristus; vi måste använda Guds Ord för att göra oss av med köttet som har planterats i våra hjärtan; och vi måste återkomma till det andliga tillståndet. Annars innebär det att vi har en "död ande" och inte kan eller kommer att njuta av evigt liv, just precis för att vi har en död ande. Orsaken till varför människor kultiveras på denna jord är för att få vårt köttsliga hjärta att bli ett rent, andlig hjärta. Detta hjärta är det samma hjärta som Adam hade innan hans fall.

Det var en dramatisk förändring för Adam att drivas ut ur Edens lustgård för att leva på denna jord. Det var som om en prins i en stor nation plötsligt skulle landsförvisas, vilken smärta och förvirring han skulle lida av. Eva var också nu tvungen att få en mycket större smärta under graviditeten.

Det fanns ingen död när de bodde i Edens lustgård. Men

nu var de tvungna att möta döden där de bodde, i den fysiska världen som kommer att gå under och förruttnas. 1 Mosebok 3:19 säger, *"I ditt anletes svett skall du äta ditt bröd till dess du vänder åter till jorden, ty av den har du tagits. Jord är du, och jord skall du åter bli"*. Som det skrevs, de blev tvungna att dö nu.

Adams ande kom självfallet från Gud, och den kan aldrig helt utsläckas. 1 Mosebok 2:7 säger, *"Och HERREN Gud formade människan av stoft från jorden och blåste in livsande i hennes näsa. Så blev människan en levande själ"*. Livsanden bär med sig Guds eviga karaktär.

Men Adams ande var inte längre aktiv. Så själen tog över funktionen som människans herre och tog också kontroll över kroppen. Från den stunden var Adam tvungen att åldras och slutligen möta döden, i enlighet med den fysiska världens ordning. Han skulle återvända till jorden.

Trots att Jorden hade förbannats var synden och ondskan inte lika vanlig som den är idag, så Adam levde till en ålder av 930 år (1 Mosebok 5:5).

Men allt eftersom tiden gick blev människorna ondare och ondare. Det ledde till att deras livstid förkortades. När Adam och Eva kommit ner till jorden från Edens Lustgård var de tvungna att anpassa sig till den nya miljön. Och inte att förglömma, de var tvungna att leva som köttsliga människor, och inte som levande andar. De blev trötta av arbetet, så de var tvungna att vila. De drabbades av sjukdomar och mådde dåligt. Deras matsmältningssystem förändrades när deras kost förändrades. De var tvungna att tömma magen efter att de hade ätit. Allt förändrades. Adams olydnad var verkligen ingen liten sak. Den ledde till att synden kom till hela mänskligheten. Adam och Eva och alla deras efterkommande på den här jorden började sina fysiska liv med en ande som var död inom dem.

Kapitel 3
Människan i den fysiska världen

Kött är ens natur kombinerad med synd,
det är därför det är vanligt för människan att synda i den fysiska världen.
Men i det innersta av människan finns livets säd given av Gud,
och med denna livets säd kan mänsklighetens kultivering ske.

1. Livets säd

2. Hur människan började existera

3. Samvete

4. Köttets gärningar

5. Kultivering

Adam och Eva födde många barn på denna jord. Trots att deras ande var död övergav Gud dem inte. Han lärde dem det som var nödvändigt för deras jordeliv. Adam lärde sina barn denna sanning, så både Kain och Abel kände väl till hur de skulle offra sina offer till Gud.

Efter en lång tid kom Kain med ett offer till Gud från markens frukter, men Abel gav Gud blodsoffret som Gud ville ha. När Gud bara accepterade Abels offer blev Kain, istället för att inse sitt fel och omvända sig, så svartsjuk på Abel att han faktiskt dödade honom.

Tiden gick och man började synda mer och mer tills, på Noas tid, jorden var så full av människornas våld att Gud till slut straffade hela världen med vatten. Men Gud lät Noa och hans tre söner föda en helt ny ras. Vad skulle nu hända med den mänskliga rasen som kom för att leva på denna jord?

1. Livets säd

Efter att Adam hade syndat blev hans kommunikation med Gud bruten. Hans andliga energi läckte ur honom och köttslig energi kom in i honom och övertäckte livets säd i honom.

Gud skapade Adam från jordens stoft. På hebreiska betyder "Adamah" mark eller jord. Gud skapade människans form av lera och blåste in livsanden genom hans näsa. I Jesajas bok står det också att människan "skapades av lera".

I Jesaja 64:8 står det, *"Men Herre, du är vår Fader. Vi är leret, och du är den som danat oss, vi är alla verk av din hand"*.

Inte så länge efter att jag startade denna församling visade Gud mig en vision om sig själv när han formade Adam av lera. Materialet Gud använde var jord blandat med vatten, vilket är lera. Här handlar vatten om Guds Ord (Johannes 4:14). När jorden och vattnet kombinerades och livets ande kom in i det, började blod, vilket är liv, cirkulera och det blev en levande varelse (3 Mosebok 17:14).

Livsanden har Guds kraft i sig. Eftersom det kommer från Gud, kan det aldrig utplånas. Bibeln säger inte bara att Adam blev en människan. Det står att han blev en levande varelse. Det är att säga att han var en levande ande. Han kunde ha levt för evigt med livsanden trots att han hade skapats av stoft från marken. Genom detta kan vi förstå betydelsen av versen i Johannes 10:34-35 som säger, *"Jesus svarade dem: 'Står det inte skrivet i er lag: Jag har sagt att ni är gudar? Om han nu kallar dem som fick Guds ord för gudar – och skriften kan inte göras om intet'"*.

I begynnelsen kunde människan, som skapad, leva för evigt utan att möta fysisk död. Trots att Adams ande var död på grund av hans olydnad var den innersta kärnan i anden, livets säd, given av Gud. Den är evig och genom den kan vem som helst bli född på nytt som ett Guds barn.

Livets säd given till alla

När Gud skapade Adam planterade Han det livets säd som inte kan utsläckas i honom. Livets säd är ursprungssäden som Gud planterade i Adams ande, i det innersta av hans ande. Det är andens ursprung, källan till kraft till att tänka på Gud och göra det människan är tänkt att göra.

Under graviditetens sjätte månad ger Gud livets säd med sin ande till embryot. I livets säd finns Guds hjärta och kraft så att människan kan kommunicera med Gud. De flesta människor som inte erkänner Guds existens har antingen fruktan eller åtminstone någon förståelse om livet efter döden och de kan inte riktigt i djupet av sina hjärtan förneka att Gud finns. Det beror på att de har livets säd djupt inne i sina hjärtan.

Pyramiderna och andra fornlämningar innehåller människors

tankar om evigt liv och deras hopp om en evig viloplats. Till och med de modigaste männen fruktar döden eftersom livets säd inom dem erkänner livet som kommer efter detta.

Alla människor har livets säd som getts av Gud, och man söker efter Gud i sin natur (Predikaren 3:11). Livets säd handlar som människans hjärta, och därför står det i direkt relation till det andliga livet. Tack vare hjärtat cirkulerar blodet för att förse hela kroppen med syrgas och näring. Om livets säd i en människa på liknande sätt aktiveras kommer hans ande bli energisk och då kan hon kommunicera med Gud. Men om hennes ande är död är livets säd inte aktivt och hon kan inte kommunicera med Gud.

Livets säd är det innersta av anden

Adam fylldes med kunskapen om sanningen genom Gud. Livets säd i honom var till fullo aktiv. Han var fylld med andlig energi. Han blev så vis att han kunde namnge allt levande och levde som herre över alla varelser, och styrde över dem. Men efter att han syndat blev hans kommunikation med Gud bruten. Hans andliga energi började läcka ut ur honom. Hans andliga energi blev ersatt av köttslig energi i hans hjärta och den köttsliga energin täckte också över livets säd. Från och med då började livets säd gradvis att förlora sitt ljus tills det slutligen blev fullständigt inaktivt.

Precis som en människans liv tar slut när hans hjärta inte längre slår, dog Adams ande när livets säd blev inaktivt. Att hans

Köttets formation

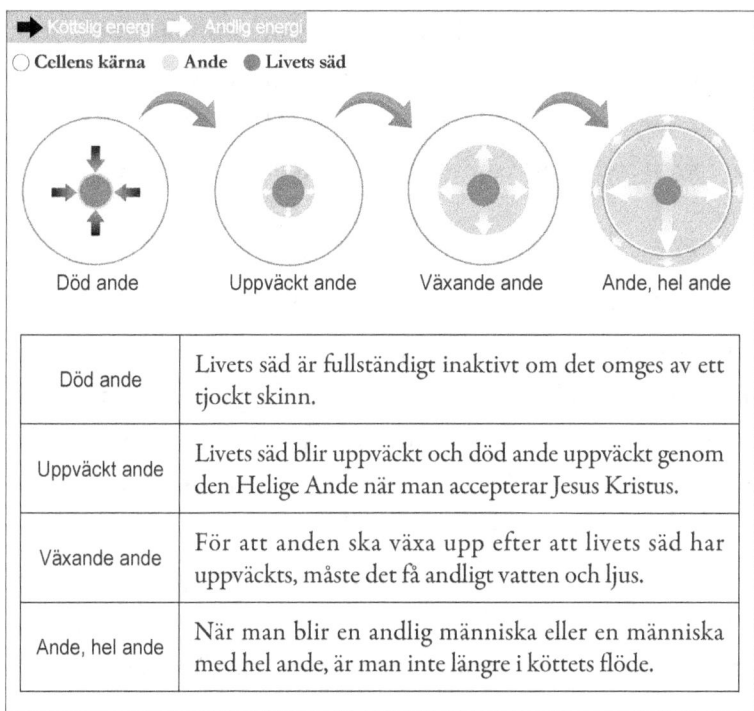

Död ande	Livets säd är fullständigt inaktivt om det omges av ett tjockt skinn.
Uppväckt ande	Livets säd blir uppväckt och död ande uppväckt genom den Helige Ande när man accepterar Jesus Kristus.
Växande ande	För att anden ska växa upp efter att livets säd har uppväckts, måste det få andligt vatten och ljus.
Ande, hel ande	När man blir en andlig människa eller en människa med hel ande, är man inte längre i köttets flöde.

ande dog betyder att livets säd inom honom slutade att fungera helt och hållet, så att livets säd blir såsom dött. Därför är var och en i denna fysiska värld född med ett fullständigt inaktivt livets säd.

Sedan Adams fall har människan inte kunnat undvika döden. För att de ska få evigt liv på nytt måste problemet med synd lösas med Guds hjälp som är Ljuset. De måste nämligen acceptera Jesus Kristus och ta emot förlåtelse från synder. För att få vi skulle få liv i vår ande på nytt dog Jesus på korset och tog mänsklighetens synder. Han blev vägen, sanningen och livet, genom vilken alla människor kan få evigt liv. När vi accepterar denne Jesus som vår personliga Frälsare kan vi få förlåtelse för våra synder och bli Guds barn genom att ta emot den Helige Ande.

Den Helige Ande aktiverar livets säd i oss. Det är då som den döda anden inom oss får liv på nytt. Från denna stund börjar livets säd, som tidigare förlorat sitt ljus, lysa igen. Det kan givetvis inte skina till samma grad som i Adam, men intensiteten i ljuset blir starkare och starkare när ens mått av tro blir större och ens ande växer och mognar.

Ju mer livets säd blir fyllt med den Helige Ande, desto starkare lyser ljuset, och desto starkare kommer ljuset från den andliga kroppen. Till den grad man fyller sig själv med kunskap om sanningen kan man få tillbaka den förlorade avbilden till Gud och bli Guds sanna barn.

Det fysiska livets säd

I tillägg till det andliga livets säd, som är det innersta i anden, finns det också ett livets säd som är fysiskt. Det är sperman och ovariet. Gud planerade att utföra den mänskliga kultiveringen för att få sanna barn genom vilka Han kunde dela sann kärlek. För att få till stånd denna plan gav Han människan livets säd så att de kunde föröka sig och uppfylla jorden. Den andliga världen som Gud bor i är obegränsad, och det skulle bli väldigt ensamt och öde utan någon omkring sig. Det var därför Gud skapade Adam till en levande ande och lät honom föröka generation efter generation så att Gud skulle kunna få många barn.

Det slags barn som Gud vill ha är en person vars döda ande är uppväckt, som kan kommunicera med Gud, och som kommer kunna dela Hans kärlek med Honom för evigt i himmelriket. För att få sanna barn ger Gud livets säd till varenda en och Han har hållit på med mänsklig kultivering sedan Adams tid. David insåg att Gud hade denna kärlek och plan och sade, *"Jag tackar dig för att jag är så underbart skapad. Ja, underbara är dina verk, min själ vet det så väl"* (Psaltaren 139:14).

2. Hur människan började existera

En människa kan inte klonas från en annan människa. Även om de skulle kunna kopiera den yttre skepnaden av en människa, är det inte en människa eftersom den inte har en ande. En klonad varelse skulle inte vara något annat än ett djur.

Ett nytt liv blir till när mannens sperma och kvinnans ägg blir ett. För att fostret ska utvecklas till en mänsklig form stannar fostret kvar i livmodern under nio månader. Vi kan ana Guds hemlighetsfulla kraft när vi inser den tillväxtprocess som sker från konceptionen tills graviditeten är fullgången.

I den första månaden börjar nervsystemet utvecklas. Det grundläggande arbetet utförs så att blod, ben, muskler, vener och inre organ formas. I den andra månaden börjar hjärtat slå och det börjar i grova drag se ut som en människa. Nu kan man känna igen huvudet och kroppsdelar. Under den tredje månaden görs ansiktet. Fostret kan också röra sitt huvud, sin kropp och kroppsdelar av sig själv och även könsorganen utvecklas.

Från den fjärde månaden blir moderkakan färdigställd vilket innebär att tillförseln av näringsämnen blir större och nu börjar fostret växa på längden och i vikt. Alla organ som uppehåller kroppen och livet fungerar normalt. Muskler utvecklas från den femte månaden, även möjligheten att höra utvecklas och den kan höra ljud. I sjätte månaden utvecklas matsmältningsorganen så tillväxten går ännu snabbare. I den sjunde månaden börjar håret växa på huvudet och med utvecklingen av lungorna kan fostret nu börja andas.

Könsorganen och förmågan att höra blir färdigställda i den åttonde månaden. Fostret kan till och med reagera på yttre ljud. I den nionde månaden blir håret tjockare, de fina fjunen på kroppen försvinner och kroppsdelarna blir knubbiga. Efter nio fulla månader föds ett barn som i genomsnitt är 50 cm långt och väger 3,2 kg.

Fostret är ett liv som tillhör Gud

I dag har många människor stort intresse av att klona levande ting på grund av den naturvetenskapliga utvecklingen. Men som det sagts tidigare, oavsett hur avancerad vetenskapen blir kan människor inte klonas. Även om man skulle lyckas med att till det yttre klona en människa kommer den inte att ha någon ande. Utan anden kommer den inte vara annorlunda än djuren.

I en människas tillväxtprocess finns det en tidpunkt, till skillnad från alla djur, då människan får en ande. Under den sjätte graviditetsmånaden har fostret utvecklat olika organ, ett ansikte och kroppsdelar. Det håller på att bli ett kärl som är tillräckligt för att kunna innehålla anden. Det är vid denna tidpunkt som Gud ger livets säd till människan, tillsammans med sin ande. Bibeln har ett skriftställe som vi kan använda för detta faktum. Det står om ett sex månader gammalt fosters gensvar i livmodern.

I Lukas 1:41-44 står det, *"När Elisabet hörde Marias hälsning, spratt barnet till i hennes moderliv, och hon blev uppfylld av den helige Ande och ropade med hög röst: 'Välsignad är du bland kvinnor, och välsignad är din livsfrukt! Men varför händer detta mig, att min Herres mor kommer till mig? Se, när ljudet av din hälsning nådde mina öron, spratt barnet till i mig av glädje'"*.

Detta hände när Jesus just hade blivit till i jungfru Marias livmoder och hon hade åkt för att hälsa på Elisabet som hade blivit gravid med Johannes Döparen sex månader tidigare. Johannes Döparen spratt till i sin mammas livmoder när jungfru Maria kom. Han kände igen Jesus i Marias livmoder och blev fylld av Anden. Ett foster är inte bara ett liv utan det är också en andlig varelse som kan bli fylld med Anden från sex månaders graviditet. En människa är ett liv som tillhör Gud från konceptionen. Bara Gud har suveränitet över liv. Därför får vi inte abortera ett barn efter eget tyckande eller om man anser att det är nödvändigt, trots att fostret ännu inte har en ande.

De nio månaderna som fostret växer i livmodern är väldigt viktiga. Fostret får allt som behövs för att växa från modern, så modern måste äta näringsrik kost. Känslor och tankar som modern bär på kan också påverka fostrets karaktärsdaning, personlighet och intelligens. Det är det samma i anden. Barn till mödrar som tjänar Guds rike och ber uthålligt föds normalt med mild karaktär och växer upp med visdom och hälsa.

Suveräniteten över livet tillhör endast Gud, men Han griper inte in i konceptionen, födelsen eller tillväxten av en människa. Genom den livsenergi som finns i sperman och ägget hos föräldrarna blir naturen inombords bestämd. Andra karaktärsdrag erhålls och de utvecklas beroende på den omgivning man växer upp i och andra influenser.

Guds speciella ingripande

I vissa fall ingriper Gud i en persons konception och födelse. För det första är det när föräldrarna behagar Gud med tro och ber av hela sitt hjärta. Hanna var en kvinna som levde på domarnas tid och hon hade smärta och ångest över att hon inte hade fått barn, och hon kom inför Gud och bad av hela sitt hjärta. Hon gav ett löfte att om Gud gav henne en son skulle hon ge sonen tillbaka till Gud.

Gud hörde hennes böner och välsignade henne med att bli gravid med en son. Precis som hon hade lovat kom hon med sin son Samuel till prästen så snart han var avvand och gav honom som en tjänare åt Gud. Samuel kommunicerade med Gud redan från barndomen och blev senare en stor profet i Israel. När Hanna höll sitt löfte välsignade Gud henne med tre söner och två döttrar till (1 Samuelsboken 2:21).

För det andra ingriper Gud i de människors liv som är

avskilda för Gud för Hans omsorgs skull. För att förstå detta måste vi förstå skillnaden mellan att "vara utvald" och att "vara avskild". Det är på grund av Guds utväljande som Gud etablerar ett särskilt ramverk och utan diskriminering utväljer alla som kommer inom ramarna för detta ramverk. Till exempel, Gud etablerade frälsningens ramverk och frälser alla som kommer inom ramarna för det ramverket. Därför sägs det om de som tar emot frälsningen genom att acceptera Jesus Kristus och lever efter Guds Ord att de är "utvalda".

Somliga missförstår och tror att Gud redan har bestämt vilka som kommer att bli frälsta och vilka som inte kommer bli det. De hävdar att om man en gång har accepterat Herren, kommer Gud ordna det så att man på något sätt blir frälst, även fast man inte lever efter Guds Ord. Men detta är en missuppfattning.

Alla som med sin fria vilja kommer in i tron och inom ramverket för frälsningen, eller de som en gång kommit innanför gränserna men sedan lämnat dem genom att hålla sig vän med världen och med vett och vilja begår synder, kan inte bli frälst om de inte vänder om från sina vägar.

Vad innebär det då att "vara avskild"? Det är när Gud, som vet allt och planerar allt sedan länge tillbaka, utväljer en särskild person och kontrollerar hela hans livsspann. Ta till exempel Abraham; Jakob, Israels fader; och Mose, uttågets ledare. De var alla avskilda av Gud för att uppfylla särskilda uppgifter som getts av Gud i Hans omsorgsfulla plan.

Gud vet allt. I sin omsorg med den mänskliga kultiveringen vet Han vilken slags person som kommer att födas vid vilken tidpunkt i mänsklighetens historia. För att uppfylla sin plan utväljer Han vissa personer och låter dem utföra stora uppgifter. För de som är avskilda på detta sätt ingriper Gud i varje stund i deras liv, alltsedan deras liv påbörjas när de föds.

Romarbrevet 1:1 säger, *"Från Paulus, Kristi Jesu tjänare, kallad till apostel och avskild för Guds evangelium"*. Som sagt, aposteln Paulus blev avskild som apostel till hedningarna för att sprida evangeliet. Eftersom han hade ett modigt och oföränderligt hjärta blev han avskild för att gå igenom ofattbart stora lidanden. Han gavs också uppgiften och ansvaret att skriva ner de flesta böckerna i Nya Testamentet. För att han skulle kunna uppfylla den uppgiften lät Gud honom läsa sig Guds Ord grundligt redan från tidig barndom under den bästa läraren på den tiden, Gamaliel.

Johannes Döparen blev också avskild av Gud. Gud ingrep i hans konception, och lät honom leva ett annorlunda liv redan från hans barndom. Han levde ensam i ödemarken utan att ha kontakt med världen. Han hade kläder av kamelhår och ett läderbälte runt hans midja; och hans mat var gräshoppor och vildhonung. På det här sättet förberedde han vägen för Jesus.

Så var det för Mose också. Gud ingrep redan vid Moses födelse. Han kastades ut på floden men upphittades av prinsessan och han blev en prins. Och trots det blev han uppfostrad av sin egen mor så att han kunde lära sig om Gud och hans eget folk. Som en egyptisk prins fick han också all kunskap om världen.

Som vi tidigare förklarat innebär det att vara avskild att Gud med sin suveränitet kontrollerar en särskild persons liv och Han vet vilken slags person som kommer att födas vid en särskild tidpunkt i mänsklighetens historia.

3. Samvete

För en människa att söka och finna Gud Skaparen, återfå Guds avbild och bli en värdefull varelse beror till mångt och mycket på vilket samvete man har.

Föräldrarnas spermier och ägg innehåller deras livsenergi som nedärvs av barnen. Det är på samma sätt med samvetet. Samvetet är standarden som hjälper en att döma mellan gott och ont. Om föräldrarna har levt ett gott liv, och har en god hjärtegrund, är det troligt att barnen kommer födas med ett gott samvete. Den livsenergi man ärver från sina föräldrar är därför en grundläggande faktor i att fastställa hur ens samvete kommer vara.

Men även om man har fötts med en god livsenergi från föräldrarna är det troligt att samvetet kommer fläckas av ondska om man uppfostras i en dålig miljö där man ser och hör mycket ont eftersom ondska planteras i en. Och motsatsen stämmer också, de som växer upp i en god miljö, ser och hör goda ting, kommer troligast att ha ett relativt gott samvete.

Formandet av samvetet

Olika samveten formas beroende på föräldrarna till den som föds, vilken miljö han växer upp i, vad han ser, hör och lär sig, och hur stor kraft han använder för att göra gott. De som därför föds av goda föräldrar och växer upp i en god miljö och som kan kontrollera sig själv söker vanligtvis godhet utifrån sitt samvete. För dem är det lätt att acceptera evangeliet och förändras genom sanningen.

Generellt sätt kanske människor tror att samvetet är den goda delen av vårt hjärta men i Guds ögon är det inte så. Somliga har gott samvete och har därför starkare tendens att följa godheten medan andra har ont samvete och gör det de tror är bra för sig själva istället för att följa sanningen.

En del får samvetskval om de råkar ta en liten sak från någon annan, medan andra inte tycker att det är stöld eller något som är ont. Människor har olika standarder för att avgöra vad som är gott och ont beroende på vilken miljö de växte upp i och vad de har lärt sig.

Människor dömer mellan gott och ont efter ens eget samvete. Men människors samvete är alla olika. Det finns många olikheter beroende på olika kulturer och områden, och samvetet kan aldrig bli en absolut standard för att döma mellan gott och ont. Den absoluta standarden kan endast finnas i Guds Ord, som är sanningen själv.

Skillnaden mellan hjärta och samvete

Romarbrevet 7:21-24 säger, *"Jag finner alltså den lagen: jag vill göra det goda, men det onda finns hos mig. Till min inre människa gläder jag mig över Guds lag, men i mina lemmar ser jag en annan lag, som ligger i strid med lagen i mitt sinne och som gör mig till fånge under syndens lag i mina lemmar. Jag arma människa! Vem skall frälsa mig från denna dödens kropp?"*

Den här versen hjälper oss att förstå hur en människas hjärta är. Den "inre människan" i denna vers är sanningens hjärta, som också kan kallas det "vita hjärtat" som försöker följa den Helige Andes ledning. I denna inre människa finns livets säd. Det finns också en "syndens lag", som är det "svarta hjärtat" och som innehåller osanning. Det finns också "lagen i mitt sinne". Detta är samvetet. Samvetet är en standard fylld av värde-domar, som man har format på egen hand. Det är en blandning av "vitt hjärta" och "svart hjärta". För att förstå samvetet måste vi först förstå hjärtat.

Det finns många definitioner för ordet "hjärta" i ordböckerna. Det är "den emotionella eller morala naturen – särskild från den intellektuella" eller "ens innersta karaktär, känslor, eller förkärlek till". Men den andliga betydelsen av hjärtat är en annan.

När Gud skapade den första människan Adam gav Han honom livets säd tillsammans med hans ande. Adam var likt ett tomt kärl och Gud lade dit kunskapen om anden som kärlek, godhet och sanningsenlighet. Eftersom Adam endast fick lära sig sanningen bestod hans livets säd av hans ande tillsammans med den kunskap det innehöll. Eftersom han bara var fylld med sanning fanns det inget behov för att skilja mellan anden och hjärtat. Eftersom det inte fanns någon osanning var ett ord som samvete inte nödvändigt.

Men efter att Adam syndat var hans ande inte längre detsamma som hans hjärta. När hans kommunikation med Gud var avhuggen började sanningen, andens kunskap som hade fyllt hans hjärta, läcka ut och istället började osanning som hat, avundsjuka och arrogans att ersätta hans hjärta och övertäcka livets säd. Innan osanning kom in i Adam fanns det inget behov för ordet "hjärta". Hans hjärta var anden själv. Men efter att osanning kommit in på grund av synder dog hans ande, och efter det började vi använda ordet "hjärta".

Efter Adams fall kom människans hjärta in i ett tillstånd där "osanning, istället för sanning, övertäckte livets säd" vilket betyder att "själen, istället för anden, övertäckte livets säd". För att förenkla det kan man säga att sanningens hjärta är det vita hjärtat och osanningens hjärta är det svarta hjärtat. Alla efterkommande från Adam som föddes efter hans fall består av sanningens hjärta, osanningens hjärta och samvetet som de skapar genom att blanda sanningen med osanningen.

Naturen är grunden för samvetet

Den ursprungliga karaktären i en persons hjärta kan också kallas "natur". Naturen är inte bara en produkt av arv. Det förändras också beroende på vad man accepterar under sin uppväxt. Liksom jordens sammansättning förändras beroende på var vi tillsätter kan ens natur också förändras beroende på vad man ser, hör och känner.

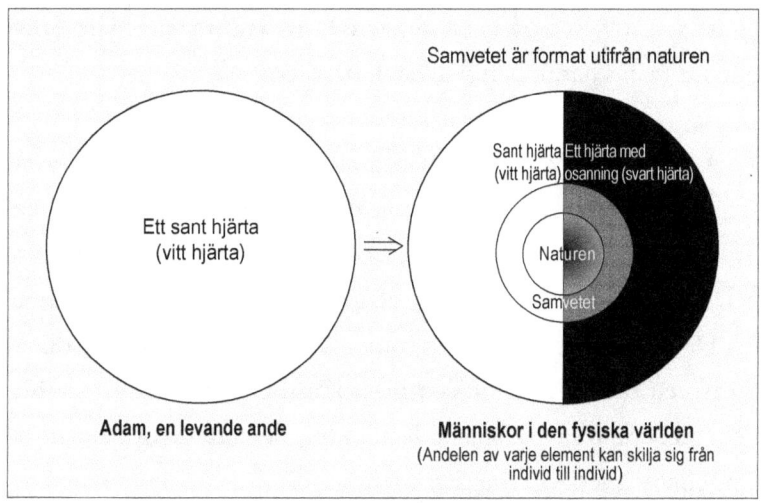

< Hjärtats sammansättning >

Alla Adams efterkommande som är födda på denna jord ärver genom livsenergin från föräldrarna en natur som är en blandning av sanning och osanning. Trots att man å ena sidan är född med en god natur, kan den bli ond om man accepterar onda ting i en skadlig miljö. Om man å andra sidan lär sig goda ting i en god miljö kommer relativt mindre ondska att planteras i en. Var och ens natur kan förändras genom att lägga till lärd osanning och sanning till den.

Det är lätt att förstå samvetet om vi först förstår människans natur, eftersom samvetet är den standarden med vilken vi dömer och som skapas utifrån naturen. Du accepterar i din invärtes natur den kunskap om sanning och osanning som du har lärt dig, och utformar standarden med vilken du dömer det som händer.

Detta är samvetet. Så i ens samvete finns sanningens hjärta, det onda från ens natur, och självrättfärdighet.

Allt eftersom dagarna går blir världen mer och mer fylld av synder och ondska, och människors samveten blir ondare och ondare. De ärver mer och mer ond natur från sina föräldrar, och som om inte det var nog, de accepterar mer osanning i sina liv. Denna process pågår generation efter generation. När deras samveten blir ondare och mindre känsliga blir det svårare för dem att acceptera evangeliet. Istället blir det lättare för dem att ta emot Satans verk och begå synder.

4. Köttets gärningar

När en människa begår synder kommer det med all säkerhet en vedergällning i enlighet med lagen i andevärlden. Gud står ut med honom och ger honom möjligheter att omvända sig och göra bättring från synderna, men om han fortsätter över gränsen, kommer prövningar eller olika katastrofer.

Alla som föds har en syndfull natur eftersom den syndfulla naturen från den första människan Adam passerar ner till barnen genom den livsenergi som kommer från föräldrarna. Vi kan ibland till och med se småbarn uttrycka sin ilska och frustration genom att till exempel gråta mycket. Om vi inte skulle ge en hungrig, gråtande baby mat kommer han gråta så mycket att det kommer verka som om han inte får luft. Och sedan kommer han att vägra äta eftersom han är så arg. Till och med nyfödda barn uppvisar ett sådant beteende eftersom de har ärvt hett temperament, hat eller avundsjuka från sina föräldrar. Det beror på att alla människor har en syndfull natur i sina hjärtan, och det är arvssynden.

Människor begår också synder under sin tillväxtperiod. Precis som magneten drar till sig metall kommer de som lever i den fysiska världen fortsätta att acceptera det som är osant och begå synder. Dessa "självbegångna" synder kan kategoriseras som synder i hjärtat och synder i handling. Olika synder har olika magnituder och synder som begås i handling kommer

59

sannerligen att bli dömda (1 Korinterbrevet 5:10). Synderna som begås i handling kallas "köttets gärningar".

Köttet och köttets gärningar

1 Mosebok 6:3 säger, *"Då sade HERREN: 'Min Ande skall inte vara kvar i människorna för alltid på grund av deras förvillelse. De är kött och deras tid skall vara etthundra tjugo år'"*. Här handlar "kött" inte bara om den fysiska kroppen. Det betyder att människan har blivit en köttslig varelse och fläckats med synd och ondska. En sådan köttslig människa kan inte bo med Gud för evigt, och därför kan de inte bli frälsta. Efter att Adam hade drivits ut ur Edens lustgård och började leva på jorden gick det inte många generationer förrän hans efterkommande började hasta iväg till att göra köttets gärningar.

Gud fick Noa, som var en rättfärdig människa på den tiden, att bygga en ark och varna människorna att omvända sig från sina synder. Men ingen utom Noas familj ville gå in i arken. På grund av den andliga lagen som säger "syndens lön är döden" (Romarbrevet 6:23) ledde det till att alla på Noas tid blev förgjorda av översvämningen.

Vad är då den andliga betydelsen av "kött"? Det handlar om "osanningens natur i ens hjärta som avslöjas genom särskilda handlingar". Med andra ord, avundsjuka, hett temperament, hat, girighet, tankar på äktenskapsbrott, arrogans, och alla inre osanningar i människan avslöjas i form av våld, dåligt språk, äktenskapsbrott och mord. Alla dessa handlingar kallas "kött" som helhet, och var och en av dessa handlingar är köttets gärningar.

Men synderna som inte avslöjas i handling utan som bara begås i sinnet och i tankarna kallas "köttslighet". Köttsligheten kan en dag komma fram i form av köttets gärningar, så länge man inte har gjort sig av med det från hjärtat. Mera detaljer om köttslighet kommer att diskuteras i Del 2 "Själens formation".

När köttslighet avslöjas som köttets gärningar är det orättfärdighet och laglöshet. Om vi har syndfull natur i hjärtat är inte det orättfärdighet, men när det väl har satts i handling blir det orättfärdighet. Om vi inte gör oss av med köttslighet och köttets gärningar utan fortsätter att begå dem byggs syndamurar upp mellan Gud och oss. Då kommer Satan anklaga oss för att föra oss igenom tester och prövningar. Vi kanske hamnar i någon olycka eftersom Gud inte kan beskydda oss. Vi vet inte vad som kommer hända imorgon om vi inte befinner oss under Guds beskydd. På grund av det kan vi inte heller ta emot svar på våra böner.

Uppenbara gärningar från köttet

Om ondska är prevalent i världen är de mest tydliga bevisen på det sexuell omoral och sensualitet. Sodom och Gomorra var fulla av sensualitet, och blev förgjorda av eld och svavel. Om du tittar på ruinerna från staden Pompeji berättar de om hur nergången och full av äktenskapsbrott det samhället var. Galaterbrevet 5:19-21 beskriver köttets uppenbara gärningar:

> *Köttets gärningar är uppenbara: de är otukt, orenhet, lösaktighet, avgudadyrkan, svartkonst, fiendskap, kiv, avund, vredesutbrott, gräl, splittringar, villoläror, illvilja, fylleri, utsvävningar och annat sådant. Jag säger er i förväg vad jag redan har sagt: de som lever så skall inte ärva Guds rike.*

I dagsläget ökar sådana köttsliga gärningar kraftigt över hela världen. Låt mig ge er några exempel på sådana köttsliga gärningar.

För det första är det sexuell omoral. Sexuell omoral kan antingen vara fysisk eller andlig. I fysiska ordalag handlar det om äktenskapsbrott eller otukt. Inte ens de som är förlovade med varandra är undantagna. Idag framställer romaner, filmer och såpoperor otukt som underbar kärlek och får människor att bli okänsliga gentemot synd och deras urskillningsförmåga blir suddig. Det finns också mängder av obscena material som uppmuntrar till otukt.

Men det finns också en andlig omoral för troende. När man går till en spåkvinna, bär amuletter eller hartass eller är involverad i trollkonst, då är det andligt äktenskapsbrott (1 Korinterbrevet 10:21). Om kristna istället för att förlita sig på Gud som kontrollerar liv, död, välsignelser, och förbannelser förlitar sig på avgudar och demoner, är det andligt äktenskapsbrott vilket är detsamma som att bedra Gud.

För det andra, orenhet och lössläpphet är att följa sin egen lusta och göra många orättfärdiga saker och när ens liv är fyllt med ord och handlingar som är fyllda av äktenskapsbrott. Det är något som är mycket värre än ordinär nivå av sexuell omoral och handlar till exempel om att ha sex med djur, gruppsex, och homosexualitet (3 Mosebok 18:22-30). Ju mer synder ökar, desto mer okänsliga blir människor för lösaktighet.

Att göra sådant är att vara olydig och stå emot Gud (Romarbrevet 1:26-27). Det är synder som håller frälsningen borta (1 Korinterbrevet 6:9-10). Att könsoperera sig, män som bär kvinnokläder eller kvinnor som bär mänkläder är vederstygglighet inför Gud (5 Mosebok 22:5).

För det tredje, avgudadyrkan är också avskyvärt inför Gud. Det finns fysisk avgudadyrkan och andlig avgudadyrkan.

Fysisk avgudadyrkan är att tjäna och tillbe bildstoder gjorda av trä, sten eller metall, istället för att söka Gud, Skaparen (2 Mosebok 20:4-5). Allvarlig avgudadyrkan kommer dra ner förbannelse över tre till fyra generationer. Om du tar en titt på familjer som tillber avgudar mycket, ser du att fienden djävulen och Satan hela tiden kommer med tester och prövningar över dem, så att problemen aldrig ska ta slut i dessa familjer. I sådana familjer finns det många som är demonbesatta, som har mentala sjukdomar eller lider av alkoholism. De som föds in i sådana familjer kommer, även om de accepterar Herren, ha svårt att leva ett liv i tro eftersom fienden djävulen och Satan plågar dem.

Andlig avgudadyrkan är när människor, som tror på Gud, älskar något annat mer än de älskar Gud. Om de missbrukar Herrens dag för att njuta av filmer, såpoperor, sportevenemang eller andra hobbyer, eller om de struntar i sina uppgifter i tron på grund av en pojkvän eller flickvän, är det andlig avgudadyrkan. Förutom detta, om du älskar någonting – familj, barn, världsliga nöjen, lyxiga saker, makt, berömmelse, girighet eller kunskap – mer än Gud, då är det avgudadyrkan.

För det fjärde, svartkonst är att använda kraft som man har fått av onda andar som ska hjälpa en eller för att kunna utöva kontroll, särskilt genom besvärjelser.

Det är inte rätt att gå till en spåkvinna om du säger att du tror på Gud. Till och med otroende råkar mycket illa ut när de är involverade i trolldom eftersom trolldom drar ner onda andar.

Om du till exempel tillämpar någon form av svartkonst för att få problem att försvinna, kommer de problemen endast att bli värre istället för att försvinna. Efter man utövat trolldom verkar de onda andarna vara stilla under en tid, men snart kommer de med ännu större problem för att få mer tillbedjan. Ibland verkar de kunna berätta vad som kommer att ske i framtiden. Det är för att de är andliga varelser och de vet vad som finns i en köttslig människas hjärta, så de lurar människor till att tro att de får veta vad som kommer ske i deras framtid, bara för att få tillbedjan. De som utövar trolldom kan också vara ute efter att lura andra, och därför måste vi hålla oss på vakt för sådana också. Om du låter någon falla i en grop genom trolldom, är det en uppenbar köttslig gärning, och en väg till att orsaka förgörelse över dig själv.

För det femte, fiendskap är ett bestämt, aktivt och ömsesidigt hat eller illvilja. Det är att vilja se andra förgjorda och se till att det faktiskt händer. De som har fiender hatar varandra med onda känslor bara för att de inte gillar den andra personen. Om måttet av hat blir överfyllt kan de explodera, eller börja skvallra och bedra.

För det sjätte, kiv är något bittert och som ibland leder till svåra gräl och meningsskiljaktigheter. Det är att skapa olika grupperingar i en församling bara för att några andra har en annan uppfattning. Man talar illa om varandra och dömer varandra och fördömer. Sedan delas församlingen upp i många olika grupperingar.

För det sjunde, splittringar är att skapa grupperingar med dem som tänker likadant. Detta kan till och med finnas i familjer och även i församlingar. Davids son Absalom bedrog och separerade sig från sin far när han följde sina egna lustar. Han gjorde uppror mot sin far för att bli kung. Gud överger sådana människor. Absalom gick så småningom en eländig död till mötes.

Det åttonde är uppdelningar. När uppdelningar utvecklas kan det leda till villoläror. 2 Petrusbrevet 2:1 säger, *"Men det finns också falska profeter bland folket, liksom det bland er kommer att finnas falska lärare som smyger in förödande läror. De skall till och med förneka den Herre som har friköpt dem och drar så plötsligt fördärv över sig".* Villoläror är att förneka Jesus Kristus (1 Johannes brev 2:22-23, 4:2-3). Man säger att man tror på Gud men förnekar Treenighetens Gud, eller Jesus Kristus som köpte oss med sitt blod, och därmed drar man plötsligt fördärv över sig själv. Bibeln talar tydligt om för oss att de som är villolärare är de som förnekar Jesus Kristus, och därför ska vi inte börja anklaga de som accepterar den treenige Guden och Jesus Kristus.

Det nionde, avundsjuka är när svartsjuka utvecklas till en allvarlig handling. Avundsjuka är att känna sig obekväm och distansera sig från andra och hata dem när de verkar ha det bättre än en själv. Om denna avundsjuka utvecklas till illvilja kan det leda till många handlingar som är skadliga för andra. Saul var avundsjuk på sin egen soldat David eftersom folket älskade David mer än honom. Han använde till och med sin armé för att döda David och dödade prästerna och människorna i staden som hade hållit David gömd.

Det tionde är fylleri. Noa begick ett misstag efter att han hade druckit vinet efter översvämningen, och det ledde till fruktansvärda konsekvenser. Han förbannade sin andra son Ham som hade avslöjat hans fel.

Efesierbrevet 5:18 säger, *"Berusa er inte med vin, sådant leder till ett liv i laster. Låt er i stället uppfyllas av Anden".* Somliga säger att det kan vara okej med ett glas någon gång. Men det är fortfarande en synd eftersom oavsett om man bara tar ett eller två glas så dricker man alkohol för att bli berusad. Många som är berusade begår också många synder eftersom de inte kan kontrollera sig själva.

Bibeln nämner att människor drack vin eftersom det inte fanns tillräckligt med vatten i Israel. Gud tillät dem att dricka vin som är ren saft från vin eller starka drycker som gjordes av frukter som hade mer socker (5 Mosebok 14:26). Men Gud tillät egentligen inte människor att dricka alkohol (3 Mosebok 10:9; 4 Mosebok 6:3; Ordspråksboken 23:31; Jeremia 35:6; Daniel 1:8; Lukas 1:15; Romarbrevet 14:21). Gud tillät bara ett begränsat användande av vin i väldigt speciella fall. Men trots att de bara drack juicen från frukterna kunde människorna fortfarande bli fulla om de drack mycket. Av denna orsak drack Israels folk vin i stället för vatten, och de drack inte för att bli fulla och för att njuta.

Till sist, utsvävningar är att känna njutning i alkohol, kvinnor, spelande, och andra lustfyllda saker utan att ha kontroll över sig själv. Sådana människor kan inte uppfylla sitt uppdrag som människor. Om du inte har självkontroll i ditt liv är det också en slags utsvävning. Om du lever ett uttryckligen obskyrt liv eller ett liv i sus och dus som du själv vill, är det också utsvävningar. Om du lever ett sådant liv till och med efter att du har accepterar Herren kan du varken ge ditt hjärta till Gud eller göra dig av med synder, och därför kan du inte få ärva Guds rike.

Vad det betyder att man inte kan ärva Guds rike

Så här långt har vi tittat på köttets uppenbara gärningar. Vad är då den grundläggande orsaken till att människor begår köttsliga gärningar? Det beror på att de inte vill ta in Gud Skaparen i sina hjärtan. Det beskrivs i Romarbrevet 1:18-32, *"Och eftersom de inte ansåg det vara något värt att ha kunskap om Gud, utlämnade Gud dem åt ett ovärdigt sinnelag, så att de gjorde sådant som är mot naturen. De har blivit uppfyllda av allt slags orättfärdighet, ondska, girighet och elakhet, de är fulla av avund, mordlust, stridslystnad, svek och illvilja. De skvallrar och förtalar, de hatar Gud och brukar våld. De skrävlar och skryter och tänker ut allt ont. De lyder inte sina föräldrar, är oförståndiga och trolösa, kärlekslösa och hjärtlösa. Sådant gör de, fastän de mycket väl känner till Guds rättvisa dom, att de som handlar så är värda döden. Ja, de samtycker också till att andra gör det".*

Det talar helt enkelt om att man inte kommer ärva Guds rike om man gör sådana uppenbara, köttsliga gärningar. Det är självklart inte så att du inte kan bli frälst bara för att du begår synder några gånger på grund av svag tro.

Det är inte sant att nya troende som inte känner till

sanningen särskilt väl eller de som har svag tro inte kommer att ta emot frälsning, bara för att de inte har gjort sig av med köttets gärningar ännu. Alla människor begår missgärningar innan deras tro mognar, och de kan bli förlåtna från deras synder genom att förtrösta på Herrens blod. Men om de fortsätter att begå köttets gärningar utan att vända om från dem, kan de inte ta emot frälsning.

Synder som leder till döden

1 Johannes brev 5:16-17 säger, *"Om någon ser sin broder begå en synd som inte är till döds, skall han be, och Gud skall ge liv åt honom, åt dem som inte begår synd till döds. Det finns synd som är till döds, och jag säger inte att man skall be för den. All orättfärdighet är synd, men det finns synd som inte är till döds"*. Vi kan genom detta skriftställe förstå att det finns synder som leder till döden, men också synder som inte leder till döden.

Vilka är då de synder som leder till döden, vilka berövar oss rätten att ärva Guds rike?

Hebreerbrevet 10:26-27 säger, *"Men om vi syndar med vett och vilja sedan vi fått kunskap om sanningen, finns det inte längre något offer för synder, utan en fruktansvärd väntan på domen och en förtärande eld, som skall uppsluta motståndarna"*. Om vi fortsätter att synda när vi vet att det är synd, är det att stå emot Gud. Gud ger inte en ande av omvändelse till sådana människor.

Hebreerbrevet 6:4-6 säger också, *"Ty de som en gång tagit emot ljuset och smakat den himmelska gåvan, fått del av den helige Ande och smakat det goda Gudsordet och den kommande världens krafter men sedan avfallit, dem är det omöjligt att föra till ny omvändelse, eftersom de själva på nytt korsfäster Guds Son och öppet hånar honom".* Om man står emot Gud efter att ha lyssnat på sanningen och upplevt den Helige Andes gärningar kommer anden av omvändelse inte att ges och därför kan man inte bli frälst.

Om man fördömer den Helige Andes gärningar som djävulens eller som villoläror kan man inte heller bli frälst, eftersom det är att häda mot den Helige Ande (Matteus 12:31-32).

Vi måste förstå att det finns synder som inte kan förlåtas och aldrig begå sådana synder. Och inte att förglömma, små triviala synder kan utvecklas till allvarliga synder om de samlas på hög. Därför måste vi hålla oss i sanningen i varje stund.

5. Kultivering

Mänsklig kultivering handlar om alla processer för att kunna få sanna barn, från det att Gud skapade människan på denna jord och har hållit sin hand över mänsklighetens historia till domens dag.

Kultivering är processen när en bonde sår säden, med sitt hårda arbete får säden att växa och sedan skördar den. Gud sådde också den första säden som kallades Adam och Eva på denna jord för att få en skörd av sanna barn genom sitt arbete att få dem att växa på denna jord. Fram till idag har Han varit upptagen med kultiveringen av människor. Gud visste att människan skulle bli korrumperad genom olydnad och att Han skulle bli bedrövad. Men Han kultiverar människor tills slutet för Han vet att det kommer finnas sanna barn som gjort sig av med ondska på grund av deras kärlek till Gud och som har ett hjärta som Gud.

Människan är skapad från jordens stoft, så hon har en natur som jordens. Om du sår ett frö på fältet kommer det att slå rot, växa upp och bära frukt. Vi kan se att jorden har kraft att producera nytt liv. Jordens karaktär förändras också beroende på vad du sätter till. Det är likadant med människan. De som ofta blir arga kommer att ha mer ilska i sin natur. De som ofta ljuger kommer ha mer falskhet i sin natur. Efter att Adam syndade blev han och hans efterkommande köttsliga människor och de blev snabbt mer och mer fläckade av osanningen.

På grund av detta måste människan kultivera sitt hjärta och återvinna andens hjärta genom "mänsklig kultivering". Det är trots allt orsaken till varför människor kultiveras på denna jord, att deras hjärtan ska kultiveras och återfå det rena tillstånd som Adam hade innan sitt fall. Gud har i Bibeln gett oss liknelserna som hör ihop med kultivering så att vi kan förstå Hans omsorgsfulla plan när det gäller den mänskliga kultiveringen (Matteus 13; Markus 4; Lukas 8).

I Matteus 13 liknar Jesus människans hjärta med vägkanten, stenig mark, mark med tistlar och törnen, och god jord. Vi borde kontrollera vilken slags jord vi själva har och plöja den så att den blir den goda jorden som Gud vill se.

Fyra slags "hjärteåkrar"

För det första, vägkanten är en hård mark som människor går på under en lång tid. Det är inte ens en åker, och inga frön kommer slå rot där, för det finns inget som arbetar för att få liv.

Vägkanten i andlig mening är de människors hjärtan som inte accepterar evangeliet alls. Deras hjärtan är så förhärdade på grund av deras ego och stolthet att evangeliets säd inte kan sås. På Jesu tid var de judiska ledarna väldigt envisa och höll så hårt på sina egna åsikter och traditioner att de förkastade Jesus och evangeliet. Idag är människor med hjärtan som vägkanten så envisa att de inte ens öppnar upp sitt sinne utan i stället förkastar evangeliet, även om de får se Guds kraft.

Vägkanten är väldigt hård och fröna kan inte hamna i jorden. Fåglarna kommer och äter upp fröna. Fåglarna är en bild på Satan. Satan tar ifrån dem Guds Ord så att de inte kan få någon tro. De kommer till kyrkan när någon verkligen övertalar dem, men de vill inte tro på Guds Ord som predikas. De fäller hellre dömande ord över predikanten eller budskapet baserat på deras egna idéer. De som har förhärdade hjärtan och inte öppnar sina sinnen kan inte ta emot frälsning till slut eftersom Ordets säd inte kunde bära någon frukt.

För det andra, stenig mark är lite bättre än vägkanten. En människa som har ett hjärta som vägkanten har ingen tanke på att acceptera Guds Ord, men den som har stenig mark förstår Guds Ord som han hör. Om man sår säd på stenig mark, kommer säden slå rot lite här och där, men det kommer inte kunna växa särskilt bra. Markus 4:5-6 säger, *"En del föll på stenig mark där det inte fanns mycket jord, och det kom snart upp därför att det inte hade djup jord. Men när solen steg, sveddes det, och eftersom det inte hade någon rot torkade det bort"*.

De vars hjärtan är som stenig mark förstår Guds Ord men kan inte med tro acceptera det. Markus 4:17 säger, *"Men de har inte någon rot i sig utan tror bara till en tid. Möter de sedan lidande eller förföljelse för ordets skull, kommer de strax på fall"*. Här handlar "ordet" om Guds Ord som säger oss sådant som, "helga sabbaten, ge fullt tionde, tillbe inte avgudar, tjäna andra och ödmjuka dig själv". När de lyssnar på Guds Ord tänker de att de kommer att hålla Hans Ord men de kan inte behålla sin beslutsamhet när de möter svårigheter. De gläder sig när de tar emot Guds nåd, men i svårigheter förändrar de snart sin attityd. De har hört och känner Hans Ord, men de har inte styrkan att praktisera det eftersom Hans Ord inte har kultiverats i deras hjärtan så att deras tro har blivit fast och säker.

För det tredje, de vars hjärtan är som en åker med tistlar förstår Guds Ord och börjar praktisera det. Men de kan inte praktisera Guds Ord till fullo och det kommer ingen god frukt. Markus 4:19 säger, *"men världsliga bekymmer, bedräglig rikedom och begär efter allt annat kommer in och kväver ordet, så att det blir utan frukt".*

De som har en sådan hjärteåker verkar vara goda troende som praktiserar Guds Ord, men de blir fortfarande utsatta för tester och prövningar och deras andliga tillväxt går långsamt. Det beror på att de inte upplever Guds verkliga gärningar utan blir bedragna av världsliga bekymmer, bedräglig rikedom och begär efter allt annat. Tänk dig till exempel att deras företag går i konkurs och de kanske till och med hamnar i fängelse. Om de där får möjlighet att på ett tvivelaktigt sätt betala tillbaka skulden och Satan frestar dem med detta, är det risk för att de faller för frestelsen. Gud kan bara hjälpa dem när de vandrar på rättfärdiga vägar oavsett hur svårt det kan vara, men i stället ger de efter för Satans frestelse.

Även om de från början hade en villighet att lyda Guds Ord

kan de inte riktigt lyda med tro för deras sinnen är fyllda med mänskliga tankar. De ber och säger att de överlämnar allt i Guds händer, men i själva verket använder de sin egen erfarenhet och sina egna teorier först. De sätter sina planer först, så det går egentligen inte så bra för dem, trots att det från början såg så bra ut. Jakobs brev 1:8 säger att dessa människor är splittrad i sina tankar.

När det bara finns några tistelskott verkar det inte vara till särskild stor skada. Men om de växer upp blir situationen fullständigt ohållbar. Tistlarna kommer att formas till buskar och blockera andra goda frön från att växa upp. Om det därför finns något element i oss som hindrar oss från att lyda Guds Ord måste vi dra upp det direkt även om det verkar vara banalt.

För det fjärde, den goda jorden är ett fält som är bördigt och välplöjt av bonden. Den förhårdnade jorden har plöjts, och stenarna och tistlarna har tagits bort. Det betyder att du håller dig borta från sådant som Gud förbjuder och gör dig av med det som Gud säger till oss att göra oss av med. Det finns inga stenar eller andra hinder och när därför Guds Ord faller ner i jorden producerar den frukt, 30, 60 och 100 gånger så mycket som hade såtts. Sådana människor kommer ta emot svar på sina böner.

För att kunna kontrollera hur väl vi har kultiverat hjärtat till god jord, kan vi se hur väl vi praktiserar Guds Ord. Ju mer god jord du har kultiverat, desto lättare är det att leva efter Guds Ord. Somliga människor känner Hans Ord, men de kan inte sätta det i handling på grund av trötthet, lathet, osanna tankar och lustar.

De som har ett hjärta med god jord har inte sådana hinder så de förstår och praktiserar Guds Ord så snart de hör det. Så fort de insett att något är Guds vilja och att det behagar Gud så gör de det.

När du kultiverar ditt hjärta kommer du börja tycka om dem som du tidigare hatat. Du kan nu förlåta dem som du inte kunde förlåta förut. Avundsjuka och dömande attityder kommer vändas till kärlek och barmhärtighet. Högfärdigt sinne kommer vändas till ödmjukhet och tjänstvillighet. Genom att kultivera sitt hjärta till god jord blir man av med ondska och hjärtat omskärs. När sedan Guds Ord faller i ett hjärta med god jord kommer det att slå rot och växa upp snabbt och på ett överflödande sätt bära de nio frukterna från den Helige Ande och Ljusets frukter.

När du förändrar ditt hjärta till god jord kan du ta emot andlig tro från ovan. Du kan också innerligt be för att få ner Guds kraft från ovan, höra den Helige Andes röst tydligt och uppfylla Guds vilja. Sådana människor är den slags frukt som Gud längtar efter att skörda genom mänsklig kultivering.

Kärlets uppbyggnad: Hjärteåker

Ett viktigt element i att kultivera våra hjärtan är kärlets sammansättning. Kärlets sammansättning har att göra med vilket material som kärlet består av. Det visar oss hur man lyssnar på Guds Ord, bevarar det i sitt sinne, och praktiserar det. Bibeln ger oss jämförelsen av kärl gjorda av guld, silver, trä eller lera (2 Timoteusbrevet 2:20-21).

Alla lyssnar till samma Guds Ord, men de hör det på olika sätt. Somliga accepterar det med ett "Amen" medan andra bara låter det passera för det passar inte med deras tankar. Somliga lyssnar ivrigt på det och försöker praktisera det medan andra känner sig välsignade av budskapet men glömmer fort bort det.

Dessa skillnader beror på kärlets sammansättning. Om du fokuserar på Guds Ord som du hör kommer det att slå rot i ditt hjärta på ett annat sätt än om du hör Hans Ord med dåsighet och utan fokus. Även om du lyssnar på samma budskap kommer resultatet blir så annorlunda för den som bevarar det i djupet av sitt hjärta och den som bara lyssnar av gammal vana.

Apostlagärningarna 17:11 säger, *"Judarna där var mer öppna än de i Tessalonika. De tog emot ordet med all villighet och forskade dagligen i Skrifterna för att se om det kunde förhålla sig så"* och Hebreerbrevet 2:1 säger oss, *"Därför måste vi så mycket mer ta fasta på det vi har hört, så att vi inte driver bort med strömmen"*.

Om du flitigt lyssnar på Guds Ord, tänker på det, och praktiserar det som det är, kan man säga att ditt kärl har en god sammansättning. De som har kärl med god sammansättning lyder Guds Ord, därför kan de snabbt kultivera god jord i hjärtat. När de sedan har god jord i sina hjärtan kommer det vara naturligt för dem att bevara Guds Ord i djupet av deras hjärtan och praktisera det.

God sammansättning i kärlet hjälper till att kultivera god jord, och den goda jorden hjälper också att kultivera god sammansättning i kärlet. Som det står i Lukas 2:19, *"Men Maria bevarade och begrundade allt detta i sitt hjärta"* hade jungfru Maria ett gott kärl för att bevara Guds Ord i sitt sinne, och hon tog emot välsignelsen av att bli havande med Jesus genom den Helige Ande.

1 Korinterbrevet 3:9 säger, *"Ty vi är Guds medarbetare, och ni är en Guds åker, en Guds byggnad"*. Vi är en åker som Gud kultiverar. Vi kan ha rena och goda hjärtan med god jord och ett bra kärl som ett kärl av guld och bli använda för ädla syften av Gud om vi lyssnar på och håller Guds Ord i tankarna och praktiserar det.

Hjärtats sammansättning: Storleken på kärlet

Det finns ett annat koncept som står i relation till kärlets sammansättning. Det handlar om till hur mycket man förstorar och använder sitt hjärta. Kärlets sammansättning har med vilket material kärlet består av, medan hjärtats sammansättning har med kärlets storlek att göra. Det kan delas upp i fyra slag.

Det första slaget är de som gör mer än vad de som förväntas av dem. Det är den bästa sammansättningen man kan ha i hjärtat. Det kan till exempel vara föräldrar som ber sina barn plocka upp skräp från golvet och barnen inte bara plockar upp skräpet utan städar också rummet. De överträffar föräldrarnas förväntningar, och på så sätt ger de glädje till föräldrarna. Stefanus och Filippus var vanliga församlingstjänare men de var lika trogna och heliga som apostlarna. De var uppskattade av Gud och gjorde stora kraftgärningar, tecken och under.

Det andra slaget är de som gör det som förväntas av dem. Sådana människor kommer att ta sköta sitt eget ansvar men de bryr sig egentligen inte om andra eller sin omgivning. Om föräldrarna ber dem plocka upp skräpet kommer de att plocka upp skräpet. De kan bli erkända för sin lydnad men de kan inte bli till någon större glädje för Gud. Somliga troende är som detta slag i församlingen också; de gör sina uppgifter men bara det, och bryr sig egentligen inte om andra aspekter. Sådana människor kan egentligen inte vara till särskilt stor glädje för Gud.

Det tredje slaget är de som gör vad de måste göra med en känsla av att de måste. De gör inte sina uppgifter med glädje och tacksamhet utan med gnäll och klagan. Sådana människor är negativa till allt och de är snäsiga när de offrar sig själva och hjälper andra. Om de får en uppgift utför de den med en känsla av att de är skyldiga att göra det, men de kommer troligast ställa till med problem för andra. Gud ser till våra hjärtan. Han blir glad då vi fullgör våra uppgifter utifrån vår kärlek till Gud snarare än med känsla av tvång eller att man borde göra det.

Det fjärde slaget är de som gör det som är ont. Sådana människor har ingen ansvarskänsla eller känsla av att de måste göra en uppgift. De insisterar på sina egna tankar och teorier och skapar problem för andra. Om sådana människor är pastorer eller ledare som tar hand om församlingsmedlemmar kan de inte ta hand om dem med kärlek och det slutar med att de förlorar själarna eller får dem att falla. De kommer alltid beskylla andra för otjänliga resultat och till slut inte längre göra det som de förväntas att göra. Det hade varit bättre att de inte hade fått en sådan uppgift från början.

Låt oss nu se vilken slags sammansättning i hjärtat vi själva har. Även om vårt hjärta inte är stort nog kan vi förändra det till ett större hjärta. För att kunna göra det måste vi först och främst helga våra hjärtan och få en god sammansättning i kärlet. Vi kan inte bara ha en god sammansättning i hjärtat medan vi har en dålig sammansättning i kärlet. Om vi ger allt med överlåtelse och passion, i allt vi gör är det också ett sätt att kultivera en god sammansättning i hjärtat.

De som har god sammansättning i hjärtat kan göra stora ting för Gud och storligen ge äran till Gud. Det var det som hände med Josef. Josef blev såld till Egypten genom sina egna bröder och blev slav till Potifar, en kapten i Faraos livgarde. Men han klagade inte över sitt liv bara för att han blev såld till slav. Han fullförde sina uppgifter så troget att han blev betrodd av sin herre, och han blev satt till att ta hand om allt i hushållet. Senare blev han felaktigt anklagad och kastad i fängelset, men han fortsatte att vara trogen och blev till slut premiärminister över hela Egypten. Han räddade landet och sin familj från den allvarliga torkan och lade grunden till formandet av landet Israel. Om han inte hade haft en god sammansättning i hjärtat skulle han bara ha gjort det som hans herre sa till honom att göra. Han skulle ha slutat sitt liv som slav i Egypten eller i fängelset. Men Josef blev storligen använd av Gud eftersom han gjorde sitt bästa inför Gud i varje omständighet och handlade med ett brett hjärta.

Vete eller agnar?

Gud har kultiverat människorna under en lång tid i denna fysiska värld sedan Adams fall. När tiden är inne kommer Han att skilja vetet från agnarna och föra in vetet i himmelriket och agnarna till helvetet. Matteus 3:12 säger, *"Han har sin kastskovel i handen och skall rensa sin tröskplats och samla sitt vete i logen, men agnarna skall han bränna upp i en eld som aldrig släcks".*

Här handlar vetet om de som älskar Gud och praktiserar Hans Ord samt att leva i sanningen. Och motsatsen, de som inte lever i Guds Ord utan i ondska och inte efter sanningen, och de som inte accepterar Jesus Kristus utan begår köttsliga gärningar, är agnarna.

Gud vill att alla ska bli vete och ta emot frälsningen (1 Timoteusbrevet 2:4). Det är precis som bonden tänker – han vill kunna skörda alla frön som han har sått på åkern. Men när skördetiden är inne finns det alltid agnar, och på samma sätt kommer inte alla som gått igenom den mänskliga kultiveringen vara vete som kan bli frälsta.

Om vi inte inser detta när det gäller den mänskliga kultiveringen kanske man skulle ställa sig följande fråga: "Man säger att Gud är kärlek, så varför skulle Han frälsa somliga och låta andra gå på vägen till förgörelsen?" Men den individuella frälsningen är inte upp till Gud att avgöra efter vad Han tycker. Det är upp till var och ens personliga fria vilja. Alla som lever i den fysiska världen måste välja vägen till himlen eller helvetet.

Jesus sade i Matteus 7:21, *"Inte skall var och en som säger 'Herre, Herre' till mig komma in i himmelriket, utan den som gör min himmelske Faders vilja"* och i Matteus 13:49-50, *"Så skall det vara vid tidsålderns slut. Änglarna skall gå ut och skilja de onda från de rättfärdiga och kasta dem i den brinnande ugnen. Där skall man gråta och skära tänder"*.

Här handlar "de rättfärdiga" om de troende. Det betyder att Gud kommer att skilja ut agnarna från vetet bland de troende. Även fast man har accepterat Jesus Kristus och går till kyrkan, är man fortfarande ond om man inte följer Guds vilja. Man är endast agnar som kommer att kastas i helvetets eld.

Genom Bibeln undervisar Gud oss om Gud Skaparens hjärta, om omsorgen i den mänskliga kultiveringen och den sanna meningen med livet. Han vill att vi ska odla fram en god sammansättning i kärlet och en god sammansättning i hjärtat, och slutligen bli Guds sanna barn – vetet i himmelriket. Men hur många människor jagar inte efter meningslösa ting i denna värld som är fylld av synder och laglöshet? Det beror på att de är kontrollerade av sina själar.

Ande, Själ och Kropp I

DEL 2

Själens formation
(Hur själen agerar i den fysiska världen)

Var kommer människans tankar från?
Står det väl till med min själ?

> "Ja, vi bryter ner tankebyggnader
> och allt högt som reser sig upp
> mot kunskapen om Gud.
> Och vi gör varje tanke till en lydig fånge
> hos Kristus
> och är beredda att straffa all olydnad,
> så snart ni har blivit fullkomligt lydiga".
> - 2 Korinterbrevet 10:5-6

Kapitel 1
Själens formation

Sedan den tid då människans ande dog,
tog hennes själ över positionen som herre över människan
under hennes levnadstid i den fysiska världen.
Själen hamnade under Satans inflytande
och människornas själar börja handla på olika sätt.

1. Definition på själen

2. Olika agerande av själen i den fysiska världen

3. Mörker

Vi kan se underverken i Guds skapelse när vi ser djur som fladdermöss finna sina byten med hjälp av eko-system; när vi ser laxen och olika fåglar resa många tusen mil för att återvända till sin födelseplats och parningsställen, och hackspettarna som hackar på träet nästan tusen gånger i minuten.

Människan är skapad till att råda över allt detta. Den yttre fysiska skepnaden hos människan är inte lika stark som lejonens och tigrarnas. Hörseln och lukten är inte alls lika utvecklad som hundars. Trots det kallas hon herre över alla varelser.

Det beror på att människan har ande och förmåga att resonera med hjärnfunktioner på en högre nivå. Människan har intelligens och kan utveckla vetenskapen och civilisationen för att kunna råda över allt. Denna tänkande del av människan kallas "själ".

1. Definition på själen

Minnesdelen i hjärnan, kunskapen som finns i minnet och tankarna som skapas genom att upphämta kunskapen kallas för "själ".

Orsaken till varför vi måste förstå relationen mellan ande, själ och kropp är så att vi ordentligt kan förstå vad själen gör. När vi gör det kan vi se till att själen återfår den uppgift som den ska ha, som Gud önskar att den ska ha. För att förhindra att Satan kontrollerar oss genom själen måste vår ande vara vår herre och den som styr över vår själ.

Ordboken *The Merriam-Webster's Dictionary* definierar "själen" som "immateriell substans, det animala livet, eller den verkliga grunden till ett individuellt liv; andligt liv inneboende i människan, alla rationella och andliga varelser, eller universum" [fri översättning, översättarens anmärkning].
Men den bibliska betydelsen av ordet själ är inte densamma. Gud har lagt ner en minnesdel i den mänskliga hjärnan. Hjärnan fungerar så att den kommer ihåg ting. På det sättet kan människan lagra kunskap i förrådsdelen och hämta upp den därifrån. När innehållet i minnesdelen blir upphämtat kallas det "tankar". Tankar är nämligen att hämta upp och komma ihåg det som har lagts till minnet. Minnesdelen, den kunskap som finns i den, och upphämtandet av kunskapen i sin helhet är tillsammans "själen".

Människans själ kan jämföras med en dator, att lagra data, leta rätt på den och använda den. Människan har en själ så att hon kan komma ihåg och tänka och därför är själen lika viktig för människan som hjärtat är.

Det som skiljer oss från varandra är hur mycket data man har sett, hört och tagit in, och hur väl man kommer ihåg och använder sådana data som formar ens minneskapacitet och intelligens. Intelligenskvoten, eller IQ, bestäms främst genom arv men det kan också förändras genom element som studier och erfarenheter. Även om två personer föds med samma IQ-nivå, kan deras IQ i framtiden vara olika, beroende på hur mycket de lär sig.

Betydelsen av själens agerande

Hur själen agerar skiljer sig åt mellan oss beroende på vad vi lagrar i minnesdelen. Människor ser, hör och känner ting, och kommer ihåg många av dessa ting varje dag. Detta kommer senare upp när de ska planera framtiden eller när de resonerar och börjar skilja mellan rätt och fel.

Kroppen är som ett kärl som innehåller anden och själen. Själen har en viktig del i att forma ens karaktär, personlighet, och domsstandard genom funktionen "tänkandet". En persons framgång eller misslyckande beror till stor del på hur ens själ agerar.

År 1920 hände det något i en liten by som kallades Kodamuri

som låg 110 km sydväst om Kolkata, Indien. Pastor Singh och hans fru var missionärer där och lokalbefolkningen berättade att det fanns monster som liknade människor som levde med vargarna i grottorna. När pastor Singh fångade monstren såg han att det var två mänskliga flickor.

Pastors Singhs skrev i sin dagbok att flickorna bara var människor till utseendet. Deras uppförande var precis som vargarnas. Snart dog en av flickorna och den andra flickan som hette Gamara bodde med familjen Singh i nio år och dog av en slags blodförgiftning, uremi.

På dagen brukade Gamara hålla sig i ett mörkt rum, vänd mot väggen och, utan att röra sig alls, somna. Men på natten brukade hon krypa runt i huset och yla lika högt som de riktiga vargarna som man hörde på avstånd. Hon brukade slicka på maten utan att använda händerna. Hon sprang runt på alla fyra och använde sina händer precis som vargarna. Om andra barn närmade sig henne brukade hon visa sina tänder och lämna platsen.

Familjen Singh försökte få denna vargflicka att bli en riktig människa men det var inte lätt. Efter tre år började hon äta med händerna och efter fem år började hon kunna använda ansiktsuttryck för att visa ledsamhet eller glädje. De känslor som Gamara kunde uttrycka innan hon dog var endast de mest grundläggande, som när en hund viftar på svansen för att uttrycka sin glädje när den möter sin husse.

Denna berättelse talar om för oss att människans själ har en direkt påverkan på att göra människan till en människa. Gamara växte upp och såg vargarnas uppförande. Eftersom hon inte fick den kunskap som behövdes för människor kunde inte hennes själ utvecklas. När hon fostrades av vargar kunde hon inte hjälpa att hon uppförde sig som en varg.

Skillnaden mellan människan och djuren

Människan består av ande, själ och kropp. Den viktigaste beståndsdelen av dessa är anden. Människans ande är given av Gud som är ande och den kan aldrig utsläckas. Kroppen dör och återvänder till en handfull stoft, men anden och själen förblir och hamnar antingen i himlen eller i helvetet.

När Gud skapade djuren andades Han inte in livsande i dem som Han gjorde för människan, så djuren består endast av kropp och själ. Djuren har också en minnesdel i hjärnan. De kan komma ihåg sådant de har sett och hört under sitt liv. Men eftersom de inte har ande har de inte det andliga hjärtat. Det som de ser och hör lagras bara i minnesdelen i hjärncellerna.

Predikaren 3:21 säger, *"Vem vet om människornas ande stiger uppåt eller om djurens ande far ner under jorden?"* Denna vers talar om "människornas ande". Ordet "ande" som representerar människans själ används för att på Gamla Testamentets tid innan Jesus kom till denna jord, var den ande som fanns i människorna "död". Oavsett om de blev frälsta eller inte och de sedan dog, sades det om dem att deras "ande" eller "själ" hade lämnat dem. Att människans själ "stiger uppåt" betyder att deras själ inte försvinner utan går antingen till himlen eller till helvetet. Å andra sidan går djurens själ ner under jorden, vilket betyder att de utplånas. Hjärncellerna dör när djuret dör och det som fanns i hjärnan upphör också att existera. De har inte längre någon funktion i själen. Det förekommer i vissa myter och sagor att svarta katter eller ormar kommer tillbaka för att hämnas mot människor, men sådana sagor får inte anses vara sanna.

I djurens själ finns funktioner, men det är begränsade funktioner som är nödvändiga för deras överlevnad. Det skulle också kunna kallas instinkt. De har instinktivt en rädsla för döden. De blir motsträviga eller visar fruktan när de hotas, men de kan aldrig hämnas. Djur har ingen ande så de kan aldrig söka Gud. Skulle fiskar fundera på sätt att möta Gud där de simmar runt? Människan däremot har en mer komplex och annan dimension i själens funktioner, mycket mer komplicerad än den som djuren har. Människan har förmågan att tänka på sådant som inte bara handlar om instinktiva tankar på överlevnad. De kan utveckla civilisationer, tänka på meningen med livet, och utveckla filosofiska eller religiösa tankar.

Människan har funktioner i själen som ligger på en högre dimension eftersom de, i tillägg till sin ande och själ, har fått en ande. Till och med de människor som inte tror på Gud har en ande. Det förklarar till en viss grad hur de, om än mycket vagt, kan ha en känsla för den andliga världen och känna fruktan för ett liv efter döden. Med en ande som i princip är lika med en död är de fullständigt kontrollerade av sina själar. Och kontrollerade av sina själar begår de synder och hamnar till slut i helvetet som konsekvens.

Själslig människa

När Adam hade skapats var han en andlig varelse som kommunicerade med Gud. Det innebar att hans ande var hans herre och själen var som en tjänare som lydde hans ande. Även då hade själen funktionerna som att minnas och tänka men eftersom det inte fanns någon osanning eller onda tankar behövde själen endast följa instruktionerna från anden som lydde Guds Ord.

Men efter att Adam ätit från trädet med kunskap om gott och ont och hans ande dog, blev han en själslig människa som kontrollerades av Satan. Han började exponera dem för tankar och osanna handlingar. Då började människan mer och mer distansera sig från sanningen för Satan kontrollerade deras själar och ledde dem till osanningens väg. Därför är själsliga människor de vars ande har dött och inte kan ta emot någon andlig kunskap från Gud.

Själsliga människor vars ande har dött kan inte ta emot frälsning. Så var det i fallet med Ananias och Safira i den första församlingen. De trodde på Gud men hade inte sann tro. De blev intagna av Satan så att de ljög för den Helige Ande och Gud. Vad hände med dem?

Apostlagärningarna 5:4-5 säger; *"Du har ljugit, inte bara för människor utan för Gud. När Ananias hörde de orden föll han ner och dog, och stor fruktan kom över alla som hörde det".*

Eftersom det bara står "dog" kan vi utläsa att han inte blev frälst. Stefanus var motsatsen, en andlig man som lydde Guds vilja. Han hade till och med så stor kärlek att han bad för dem som stenade honom. Han överlämnade sin "ande" i Herrens händer när han blev martyr.

Apostlagärningarna 7:59 säger, *"Då stenade de Stefanus, under det att han bad: Herre Jesus, tag emot min ande".* Han tog emot den Helige Ande genom att acceptera Jesus Kristus och hans ande hade fått liv på nytt och därför bad han "... tag emot min ande". Det betyder att han blev frälst. Det finns en vers som bara säger "liv" istället för "själ" eller "ande". När Elia uppväckte änkan från Sarefats barn står det att barnets liv återvände, *"HERREN hörde Elias röst, och pojkens själ kom tillbaka in i honom, och han fick liv igen"* (1 Kungaboken 17:22).

Som vi har nämnt tidigare, på Gamla Testamentets tid hade människor inte tagit emot den Helige Ande, och deras ande kunde därför inte uppväckas. Bibeln talar därför inte heller om "ande" trots att barnet räddades.

Varför befallde Gud att alla amalekiter skulle förgöras?

När Israels söner kom ut ur Egypten och marscherade mot Kanaan, stod en armé av amalekiter emot dem på deras väg. De var inte rädda för Gud som var med Israels söner trots att de hade hört talas om de stora gärningar som Gud hade gjort i Egypten.

De slog de av Israels barn som hade blivit efter på vägen, när de var trötta och utmattade (5 Mosebok 25:17-18).

Gud befallde kung Saul att förgöra alla amalekiter på grund av det (1 Samuelsboken kapitel 15). Gud befallde honom att döda alla män, kvinnor och barn, unga och gamla, och till och med deras boskap.

Om vi inte har en andlig förståelse kan vi inte förstå en sådan befallning. Man kanske undrar, "Gud är god och Han är kärlek. Varför skulle Han ge en sådan fruktansvärd befallning att döda människor som om de vore djur?"

Men om du förstår den andliga betydelsen av denna händelse, kan du förstå varför Gud befallde det. Djur har också minnesförmåga, så när de tränas kommer de ihåg det och lyder sina herrar. Men eftersom de inte har ande kommer de bara återvända till en handfull stoft. De har inget värde i Guds ögon. På samma sätt kommer de vars ande är död och inte kan bli frälsa att hamna i helvetet, och likt andelösa djur har de inget värde för Gud.

Amalekiterna var i särklass listiga och fruktansvärda. Trots all tid som hade getts dem hade de inte tagit chanserna att omvända sig eller ångra sig. Om det hade funnits någon bland dem som var rättfärdig eller någon som hade möjlighet att omvända sig och göra bättring skulle Gud ha försökt att frälsa dem på alla möjliga sätt. Kom ihåg Guds löfte att Han inte skulle förgöra det syndiga Sodom och Gomorra om fanns tio rättfärdiga i staden.

Gud är full av barmhärtighet och Han är sen till vrede. Men

amalekiterna hade absolut ingen mera chans att ta emot frälsning oavsett hur mycket tid som hade getts dem. De var inte vete utan agnar som skulle förgöras. Det var därför som Gud befallde att man skulle förgöra alla amalekiter som hade stått emot Gud.

Predikaren 3:18 skriver, *"Jag tänkte: För människornas skull sker detta, för att Gud skall pröva dem och för att de skall se att de i sig själva är som djuren"*. När Gud prövade dem fanns det ingen skillnad mellan dem och djuren. De som har en död ande har bara själens och kroppens funktioner så de handlar precis som djuren. I denna syndfulla värld finns det naturligtvis även människor som är värre än djuren. De kan naturligtvis inte bli frälsta. Å ena sidan, djur dör och förgås bara. Människor, å andra sidan, hamnar i helvetet om de inte är frälsta. Mot slutet blir det betydligt mycket värre än för djuren.

2. Olika agerande av själen i den fysiska världen

I den första människan var anden herre över människan, men på grund av Adams synd dog hans ande. Den andliga energin började läcka ut, och köttslig energi ersatte den. Då började själens agerande som tillhör osanningen manifesteras.

Det finns två slags agerande från själen. Det ena tillhör köttet och det andra tillhör anden. När Adam var en levande ande blev han hela tiden försedd med sanning direkt från Gud. Det gjorde att han bara hade agerande i själen utifrån det som tillhör anden. Detta agerande tillhörde alltså sanningen. Men när hans ande dog, började själen agera efter det som tillhör osanningen.

I Lukas 4:6 står det, *"Och [djävulen] sade: Dessa rikens hela makt och härlighet vill jag ge dig, ty åt mig har den överlämnats och jag ger den åt vem jag vill"*. Det här är en scen från när djävulen prövar Jesus. Djävulen sade att makten hade överlämnats till honom, och inte att han hade haft den från början. Adam blev skapad som herre över allt skapat, men han blev slav under djävulen när han lydde synden. Det gjorde att Adams makt överlämnades till djävulen och Satan. Då tog själen över rollen som människans herre och alla människor hamnade under fienden djävulens och Satans styre.

Satan kan inte styra över anden eller en människas sannfärdiga hjärta. Satan kontrollerar människans själ för att ta ifrån dem deras hjärtan och planterar många olika osanningar i människornas tankar. Efter den grad som Satan tillfångatar människans själs agerande, kan Satan ta kontrollen över människans hjärta också.

När Adam var en levande ande, hade han bara sanningens kunskap, och därför var hans hjärta det samma som hans ande. Men efter att kommunikationen med Gud blev avhuggen kunde han inte längre få den sanna kunskapen och inte heller den andliga energin. Istället började han acceptera osanningens kunskap som gavs av Satan genom själen. Denna osanna kunskap kom att forma det osanna hjärtat i människans hjärta.

Förgör själens agerande som hör till köttet

Har du någon gång rakt på sak sagt eller gjort något som du aldrig trodde att du skulle säga eller göra? Det beror på att människor är kontrollerade av själen. Eftersom själen övertäcker anden kan vår ande bara vara aktiv när vi bryter ner själens agerande som tillhör köttet. Hur kan vi då bryta ner själens agerande som tillhör köttet? Det viktigaste är att vi måste erkänna det faktum att vår kunskap och våra idéer inte är rätta. Bara då kan vi bli redo att acceptera sanningens Ord, som är helt olikt våra egna idéer.

Jesus använde liknelser för att bryta ner felaktiga idéer hos människorna (Matteus 13:34). De kunde inte förstå andliga ting eftersom deras livssäd var kvävd av själen, så Jesus försökte få dem att förstå genom liknelserna om sådant som finns i denna värld. Men varken fariséerna eller Hans lärjungar förstod Honom. De

Själens formation

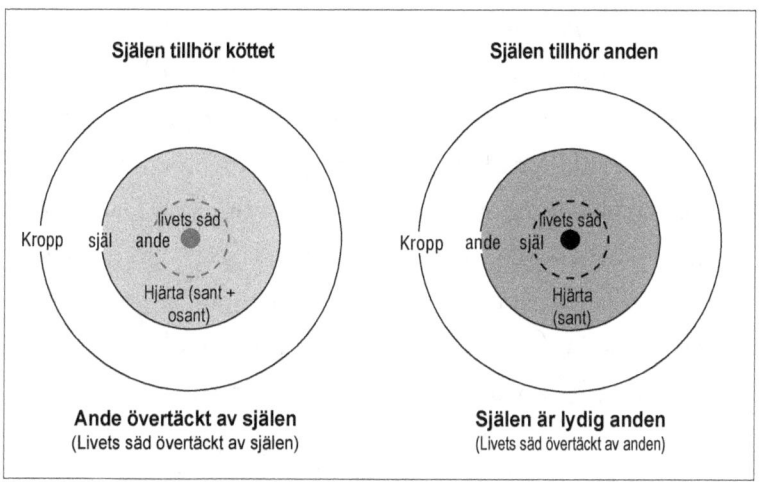

tolkade allt utifrån sin egen standard med sina egna idéer och osanna köttsliga tankar, och därför kunde de inte förstå något andligt.

De lagiska människorna på den tiden fördömde Jesus för att Han botade en sjuk man på sabbaten. Om du bara ser det utifrån vanligt sunt förnuft kan du se att Jesus är en människa som var erkänd och älskad av Gud för Han utförde kraftgärningar som bara Gud kunde göra. Men dessa lagiska människor kunde inte förstå Guds hjärta på grund av de äldstes stadgar och deras egna mentala ramverk. Jesus försökte få dem att förstå att de hade felaktiga idéer och att de var självupptagna.

Lukas 13:15-16 säger, *"Då svarade Herren honom: Ni hycklare! Löser inte varenda en av er på sabbaten sin oxe eller* åsna från krubban och leder bort och vattnar den? Men denna kvinna, en Abrahams dotter, som Satan har hållit bunden i arton år, borde inte hon få bli löst från sin boja på sabbaten?"

När Han sade detta blev Hans motståndare förödmjukade och hela skaran gladde sig över dessa underbara ting som Han gjorde. De fick faktiskt möjlighet att inse vilka felaktiga tankeramar de hade. Jesus försökte bryta ner människornas tankar för de skulle kunna öppna sina hjärtan när tankarna var skingrade.

Låt oss se på Uppenbarelseboken 3:20 där det står:

> Se, jag står vid dörren och klappar på. Om någon hör min röst och öppnar dörren, skall jag gå in till honom och hålla måltid med honom och han med mig.

I denna vers symboliserar "dörren" porten till tankarna, nämligen "själen". Herren knackar på våra tankars dörr med sanningens Ord. I den stund vi öppnar dörren till våra tankar, om vi bryter ner vår själ och accepterar Herrens Ord, kommer dörren till våra hjärtan att öppnas. När Hans Ord på detta sätt kommer in i våra hjärtan börjar vi praktisera Guds Ord. Det är att "hålla måltid" med Herren. Även om inte Hans Ord är i samklang med våra tankar eller teorier kan vi, om vi bara accepterar Hans Ord med ett "amen", bryta ner själens osanna agerande.

Som det förklarats, vi måste först öppna dörren till våra tankar och sedan dörren till våra hjärtan, så att evangeliet kan nå livets säd som är omgivet av människans själ. Det är i mångt och mycket som när en gäst hälsar på i en annans hus. För att gästen som är utomhus ska kunna komma in till värden måste han först öppna ytterdörren, gå in i huset, och också öppna innerdörren för att komma in i vardagsrummet.

Det finns många sätt som man kan bryta ner själens agerande som tillhör köttet på. För att få människor att öppna dörren till sina tankar och sina hjärtan för att acceptera evangeliet är det för vissa bättre att ge dem logiska förklaringar medan det för andra är bättre att visa Guds kraft eller ge dem goda liknelser eller berättelser. Vi måste också hela tiden bryta ner osant agerande av själen hos dem som redan har accepterat evangeliet och som växer i tron. Det finns många troende som inte fortsätter att växa i tron och anden. Det beror på att de inte fortsätter att inse andliga ting för att de har en själ som agerar utifrån köttet.

Formandet av minnen

För att vi ska se det agerande vi vill se från själen måste vi veta hur kunskap som vi tar in stannar kvar som minnen. Ibland är det så att vi ser eller hör något men senare kan vi knappast komma ihåg något av det. Andra gånger kan vi tydligt komma ihåg något att vi inte glömmer bort det trots att det går en väldigt lång tid. Skillnaden ligger i hur kunskapen läggs in i vårt minnessystem.

Den första metoden för att lägga till något till minnet är att i förbigående lägga märke till något. Vi hör eller ser något, men vi lägger ingen särskild vikt vid det alls. Tänk dig att du är på väg till din hemstad med tåg. Du ser vetesfälten och sädesfälten. Men om du är upptagen med andra tankar kommer du knappt att komma ihåg vad du såg på tåget när du kommer fram. Samma är det när en student dagdrömmer i klassrummet, de kan inte komma ihåg vad som sades i klassen den dagen.

För det andra finns det vardagsminnet. När du ser sädesfälten utanför fönstret kanske du relatera till det. Du tänker på din far som är en bonde när du ser fälten, och senare har du ett svagt minne av vad du såg. I ett klassrum kan studenter ibland bara svagt komma ihåg vad läraren sa. Direkt efter lektionen kommer de ihåg, men några dagar senare har de glömt bort det.

Den tredje metoden är att plantera ett minne. Om du också är bonde kommer du lägga märke till det som du ser när du passerar sädesfälten. Du kommer noggrant att titta på hur fältet är uppbyggt, hur det tas omhand, hur ladorna är byggda och du börjar tänka på hur du skulle kunna tillämpa det på ditt eget lantbruk. Du lägger märke till det och planterar det ordentligt i din hjärna så att du kan komma ihåg detaljerna även när du kommit fram till din hemstad. Låt oss anta att läraren i klassrummet säger: "Vi kommer att ha ett prov direkt efter denna lektion. Ni kommer få fem avdrag för varje fel svar ni svarar". Då kommer förmodligen studenterna att försöka koncentrera sig och komma ihåg instruktionerna som ges på lektionen. Ett sådant minne varar relativt längre än de andra.

Den fjärde metoden är att plantera det både i hjärnan och i hjärtat. Tänk dig att du tittar på en sorglig film. Du känner med skådespelaren och går in i filmen så mycket att du också börjar gråta. Då planteras berättelsen inte bara i ditt minne utan också i ditt hjärta. Med hjälp av känslor planteras minnet både i ditt hjärta och i dina hjärnceller. Sådant som är starkt planterat i minne och hjärta kommer att förbli även om hjärncellerna skadas. Även om hjärnan skadas kommer det som finns i hjärtat ändå att finnas kvar.

Om ett litet barn ser sin egen mamma dödas i en trafikolycka, så chockad han måste bli då! Denna scen och de sorgliga känslorna kommer att planteras i hans hjärta. Det kommer att planteras både i hans minne och i hans hjärta och det kommer bli svårt för honom att glömma bort det. Vi måste se på dessa fyra sätt att memorera något. Om vi verkligen förstår detta kommer det att hjälpa oss att kontrollera själens agerande.

Sådant du vill glömma men hela tiden blir påmind om

Ibland blir vi hela tiden påminda om sådant som vi inte vill komma ihåg. Varför blir det så? Det beror på att det är planterat både i hjärnan och i hjärtat tillsammans med känslor.

Tänk dig att du hatar någon. Närhelst du tänker på honom kommer du lida på grund av det hat du har. I det här fallet måste du först tänka på Guds Ord. Gud säger till oss att vi ska älska till och med våra fiender, och Jesus bad för dem som korsfäste Honom att de skulle bli förlåtna. Det hjärta som Gud vill se är godhet och kärlek, så vi måste dra ut det osanna hjärtat som vi fått av fienden djävulen och Satan.

Om vi tänker på den grundläggande orsaken kan vi för det mesta inse att vi hatar varandra för triviala ting. Vi kan inse vad i Guds Ord vi inte lyder när vi reflekterar över oss själva utifrån 1 Korinterbrevet kapitel 13 som säger att vi ska sätta andra högre än oss själva, vara mjuka och förstå andra. När vi inser att vi inte agerar rättfärdigt kommer hatet i våra hjärtan gradvis att smälta bort. Om vi känner och lagrar godhet direkt kommer vi inte att lida av onda tankar. Även om andra gör något som du inte gillar blir du inte hatisk mot dem så länge du lagrar godhetens känslor och tänker "Det finns säkert en orsak".

Vi måste veta vad det är som lagras tillsammans med osanning

Vad ska vi nu göra med osanningen som vi redan har lagrat tillsammans med osanna känslor?

Om något redan är djupt planterat i våra hjärtan kommer vi att bli påminda om det trots att vi inte medvetet försöker att tänka på det. I sådana fall behöver vi förändra känslorna som är kopplade till denna sak. Istället för att försöka mota bort tankarna kan du förändra tanken. Du kan förändra ditt tänkande när det gäller någon du hatar till exempel. Du kan välja att börja se saken utifrån hans synvinkel och försöka förstå vad det var som gjorde att han agerade som han gjorde.

Du kan också tänka på hans goda sidor och be för honom. När du försöker tala till honom med varma och tröstande ord, ger honom små gåvor och visar kärlekshandlingar, kommer hatiska känslor bytas ut mot kärleksfulla känslor. Då kommer du inte längre att lida när du tänker på honom.

Innan jag accepterade Herren, medan jag låg på min sjukbädd under sju år, hatade jag många människor. Det fanns ingen bot och allt mitt hopp om livet var ute. Skulden bara växte och min familj var nästan sönderbruten. Min fru var tvungen att försörja familjen och mina släktingar välkomnade inte min familj eftersom vi var en börda för dem.

Det goda förhållandet till mina bröder var också brutet. På den tiden kunde jag bara tänka på min egen jobbiga situation, och jag föraktade dem för att de övergav mig. Jag var bitter mot min fru som ofta packade sin väska och lämnade mig, och på hennes familjemedlemmar som sårade mig med sina hårda ord. Varje gång jag träffade dem såg de på mig med förakt och mitt hat och förakt mot dem växte. Men en dag försvann all bitterhet och allt hat.

När jag accepterade Herren och lyssnade på Guds Ord insåg jag mina egna fel. Gud talar om för oss att vi ska älska till och med våra fiender och Han gav sin enfödde Son som ett försoningsoffer för oss. Men vilken slags person var jag, föraktfull och bitter? Jag började se saken ur deras synvinkel. Tänk om jag hade haft en syster och hon hade träffat en man som inte var kompetent nog att ta hand om sin familj. Hon hade varit tvungen att arbeta så hårt för att försörja familjen. Vad skulle jag då ha tänkt om situationen? När jag började tänka på saken ur deras synvinkel kunde jag börja förstå dem, och jag insåg att all skuld faktiskt låg på mig.

När jag förändrade mitt sätt att tänka blev jag snarare tacksam till min frus familj. Ibland hade de gett oss lite ris eller andra förnödenheter, och jag blev så tacksam för det. Det var också genom dessa svåra tider som jag accepterade Herren och fick veta om himlen, så jag blev tacksam för det också. När jag ändrade mitt sinnelag blev jag tacksam för att jag hade varit sjuk och att jag hade träffat min fru. Allt mitt hat vändes till kärlek.

Själens agerande som hör till osanning

Om din själ agerar i enlighet med osanningen kan du inte bara skada dig själv utan också andra människor runt omkring dig. Låt oss titta på några vanliga fall där själen agerar utifrån osanning, några fall som vi lätt kan finna i våra dagliga liv.

För det första är det att missförstå andra och inte kunna förstå eller acceptera andra.

Människor utvecklar olika inställningar, värderingar och

har olika föreställningar om vad som är rätt. Somliga tycker om att bära vackra, unika och designade kläder medan andra gillar enkla och klassiska modeller. Vissa personer som tittar på en film upplever den som tråkig medan andra upplever den som intressant.

På grund av dessa olikheter kan vi ibland omedvetet känna oss illa till mods i närheten av andra som inte är som oss själva. En person har en utåtriktad och öppen personlighet och han talar direkt om vad han inte gillar, medan en annan inte uttrycker sina känslor särskilt väl och tar lång tid på sig att bestämma sig för att han försöker se alla möjligheter i detalj. För den första personen verkar den andra långsam och inte tillräckligt aktiv medan den andre ser den första som hård och lite aggressiv och vill helst undvika honom.

Om du inte kan förstå eller acceptera andra är det ett agerande i själen utifrån osanning. Om vi bara tycker om den vi gillar, och om vi bara tycker att det som verkar rätt i våra ögon är rätt, då kan vi inte riktigt förstå eller acceptera andra.

För det andra är det att döma.

Att döma är att ha en förutfattad mening om en person eller något baserat på våra egna tankars ramverk eller känslor. I vissa länder är det ohyfsat att snyta sig i näsan om man sitter vid middagsbordet. I andra länder går det alldeles utmärkt. I vissa länder anser man det ohyfsat att slänga mat medan man i andra länder tycker att det är acceptabelt och till och med en artighetsgest att lämna lite mat.

En person som såg en annan äta med sina händer frågade honom om det inte var ohygieniskt att äta med händerna. Då svarade han "Jag tvättar mina händer så jag vet att de är rena. Men jag vet inte hur ren denna gaffel eller kniv är. Därför är min hand mer hygienisk". Beroende på vilken miljö vi är uppvuxna i och vad vi har lärt oss kan känslorna och tankarna skilja sig åt i samma situation. Därför får vi inte döma mellan rätt och fel med mänsklig standard som inte är sann.

Somliga dömer och tror att andra kan göra det samma som de gör. De som ljuger tror att andra också gör det. De som gillar skvaller tror att andra också gör det.

Tänk dig att du ser en man och en kvinna som du känner väl stå tillsammans utanför ett hotell. Då kanske du dömer och tänker något så här: "De måste ha varit tillsammans på hotellet. Jag tyckte väl att de tittade på varandra på ett speciellt sätt".

Men det finns ingen chans att du kan veta om mannen och kvinnan bara hade ett samtal i hotellcaféet eller att de hade råkat stöta på varandra på gatan utanför hotellet. Om du dömer och fördömer dem och sprider sådana rykten till andra kan dessa människor få lida stor orättvisa, gå miste om fördelar eller förlora något, bara på grund av ett falskt rykte.

Irrelevanta svar kommer också från dömande. Om du frågar en person som ofta kommer sent till arbetet, "Vilken tid kom du idag?" kanske han svarar, "Jag kom inte försent idag". Du har just frågat honom vilken tid han kom, men han trodde direkt att du dömde honom och svarade med ett fullständigt irrelevant svar.

1 Korinterbrevet 4:5 skriver, *"Fäll därför ingen dom i förtid, innan Herren kommer. Han skall lysa upp det som mörkret döljer och avslöja hjärtats tankar och avsikter och då skall var och en få sitt beröm av Gud".*

Det förekommer så mycket dömande och fördömande i världen, inte bara på individnivå utan också när det i familjer, samhällen, politiken och till och med länder. Sådan ondska orsakar bara stridigheter och för bara med sig olycka. Människor lever med ett utbrett fördömande men inser det inte ens. Ibland kan givetvis deras dom vara korrekt, men i de flesta fall är de inte det. Även om de har rätt är det ont att döma själv och Gud tillåter inte det och därför får vi inte döma.

För det tredje är det att fördöma.

Människor dömer inte bara andra med sina egna tankar utan fördömer dem också. Somliga lider av oerhörd mental smärta som ett resultat av elaka kommentarer från andra på internet. Det händer ofta att människor dömer och fördömer i det dagliga livet. Om en person passerar dig utan att hälsa på dig kanske du anser att han medvetet ignorerade dig och därför är skyldig. Men kanske han inte kände igen dig eller kanske han tänkte på något helt annat som gjorde att han inte såg dig men du bara fortsätter

vidare och fördömer honom utifrån dina egna känslor.
Det är därför som Jakob 4:11-12 varnar oss:

> *Förtala inte varandra, bröder. Den som förtalar sin broder eller dömer sin broder förtalar och dömer lagen. Men om du dömer lagen är du inte lagens görare utan dess domare. Det finns bara en lagstiftare och domare, han som har makt att frälsa och förgöra. Men vem är du, som dömer din nästa?*

En som dömer och fördömer andra har en arrogant inställning där man tror att man är som Gud och kan döma. Det är mycket allvarligare att döma eller fördöma andliga ting. Somliga människor dömer och fördömer Guds kraftfulla gärningar eller Guds omsorgsfulla plan utifrån sina egna mentala ramverk och sin kunskap.

Om någon säger: "Jag har blivit botad från en obotlig sjukdom genom bön!" kommer de som är godhjärtade att tro det. Men andra kommer att döma vad som sagts och tänka: "Hur kan en sjukdom botas enbart genom bön? Det måste ha skett ett misstag när man diagnostiserade symtomen eller så är det så att han bara tror att han blivit bättre". Återigen andra kanske till och med fördömer honom och säger att han ljuger. De dömer och fördömer till och med sådant som är nedskrivet i Bibeln om Röda Havet som delades, när solen och månen stod stilla, och att det bittra vattnet förvandlades till drickbart vatten, och påstår att det bara är myter.

Somliga säger att de tror på Gud och ändå dömer och fördömer de den Helige Andes gärningar. Om någon berättar att hans andliga ögon har öppnats så att han kan se den andliga världen, eller att han kan kommunicera med Gud, påstår de att han har fel och att det är mysticism. Sådana gärningar finns verkligen nedskrivna i Bibeln men dessa människor fördömer dessa ting utifrån sitt eget trosramverk.

Det fanns många människor som var så här på Jesu tid. När Jesus botade den sjuke på sabbaten borde de ha insett det faktum att Guds kraft manifesterades genom Jesus. Om det inte var i enlighet med Guds vilja, skulle sådant verk inte ha kunnat göras genom Jesus. Men fariséerna dömde och fördömde Jesus, Guds Son, utifrån deras egen föreställning och egna mentala ramverk. Om du dömer och fördömer Guds verk, även om det sker utifrån att du inte vet vad som är sant särskilt väl, är det fortfarande en allvarlig synd. Du måste vara mycket försiktig eftersom du inte kommer ha någon chans att omvända dig om du står emot, talar emot, eller hädar den Helige Ande.

För det fjärde är det att agera på ett sådant sätt att det syns att själen handlar i osanning genom att predika felaktiga eller vilseledande budskap.

När vi predikar ett budskap händer det att vi blandar in

våra egna känslor och tankar och på det sättet blir budskapet förvanskat. Även om vi predikat exakt samma budskap kommer det ursprungliga syftet bli förändrat beroende på vilket ansiktsuttryck och tonläge som används. Ett ord som "Hej!" som vi ropar till någon kan antingen vara med en vänlig och mjuk röst eller med en hård och arg röst. Beroende på vårt tonläge kommer ordet ha olika betydelser. Om vi inte kan predika exakt samma ord utan förändra dem till våra egna ord, kommer det ursprungliga syftet bli förvanskat.

Vi kan hitta exempel på detta i vårt vardagsliv där vi ska återberätta det som har sagts. Då kan vi använda överdrifter eller förkorta det som har sagts vilket ibland kan leda till att sammanhanget blir fullständigt förändrat. "Är inte det sant?" blir "Det är sant, eller hur?" och "Vi planerar att..." eller "Det kan hända att vi..." blir "Det ser ut som att vi ska...".

Men om vi har sanningsenliga hjärtan kommer vi inte förvanska fakta genom vårt eget sätt att tänka. Vi kommer kunna predika med större precision till den grad att vi gör oss av med ett ont hjärta och karaktärsdrag som att söka egna fördelar, att inte försöka vara noggranna, att vara snabba att döma och tala illa om andra. I början av Johannes 21:18 står Herren Jesu Ord om Petrus kommande martyrskap. Det står, *"Amen, amen säger jag dig: När du var yngre, spände du själv bältet om dig och gick vart du ville. Men när du blir äldre, skall du sträcka ut dina händer och en annan skall spänna bältet om dig och leda dig dit du inte vill"*.

Då blev Petrus nyfiken på hur det skulle gå med Johannes

och ställde en fråga. *"Herre, hur blir det med honom?"* (v. 21) Då svarade Jesus, *"Om jag vill att han skall vara kvar tills jag kommer, vad rör det dig? Följ du mig!"* (v. 22) Hur tror du att detta budskap förmedlades till de andra lärjungarna? Bibeln säger att de kom ut ett rykte att den lärjungen inte skulle dö. Jesus menade att Petrus inte hade med det att göra även om Johannes skulle leva till dess Herren återvänder. Men lärjungarna blandade in sina egna tankar när de sedan förmedlade detta budskap och det förvanskades.

Det femte är att ha negativa känslor och vara argsint.

Eftersom vi har köttsliga, dåliga känslor som besvikelse, att man blir sårad i ens stolthet, avundsjuka, argsinthet, och favorisering har vi osant agerande i själen på grund av dem. Även om vi är flera som hör samma ord kan vår reaktion vara skilja sig åt beroende på våra känslor.

Tänk dig att en chef på ett företag säger till sin arbetare: "Kan du inte göra ett bättre jobb här?" och pekar ut ett misstag. Somliga skulle ta emot ordet med ödmjukhet och ett leende och säga: "Ja, jag ska försöka göra bättre nästa gång". Men de som klagar på chefen kommer kanske att bli arga eller föraktfulla av den tillrättavisningen. De kanske tänker: "Måste han säga det på ett sånt dåligt sätt?" eller "Vad gör han själv? Han gör ju inte ens sitt eget jobb på ett bra sätt".

Eller så ger chefen dig ett råd och säger: "Jag tror det skulle vara bättre om du ändrade det här till så här istället". En del av er skulle helt enkelt acceptera det och säga, "Ja, det var också en god idé. Tack för rådet" och tänka över det. Men somliga skulle känna sig obekväma och sårade. På grund av dessa känslor klagar de ibland och tänker: "Jag gjorde mitt bästa för att få ihop detta arbete, hur kan han bara slänga ur sig något sådant så lätt? Om han tycker att han kan så mycket, varför gör han det då inte själv?"

I Bibeln läser vi om när Jesus tillrättavisar Petrus (Matteus 16:23). När tiden var inne för Jesus att gå korsets väg lät Han sina lärjungar få veta vad som skulle hända. Petrus ville inte att hans mästare skulle behöva lida så mycket och han sa, *"Gud är nådig mot dig, Herre. Detta skall aldrig hända dig"* (v. 22).

Då försökte Jesus inte att trösta honom med att säga: "Jag vet hur du känner dig. Jag är tacksam för det. Men jag måste gå". Istället tillrättavisade Han honom med orden, *"Gå bort ifrån mig, Satan! Du vill få mig på fall. Vad du tänker är inte Guds tankar utan människotankar"* (v. 23).

Eftersom vägen till frälsning endast kunde öppnas för syndare när Jesus tog emot lidandet på korset, skulle det innebära att om man stoppade det skulle man stoppa Guds omsorgsfulla plan. Men Petrus mådde inte dåligt eller klagade över att Jesus hade sagt det så eftersom han trodde att allt vad Jesus sa hade en särskild betydelse. Med hjärtat fyllt med en sådan godhet blev Petrus senare en apostel som visade Guds förundransvärda kraft.

Å andra sidan, vad hände med Judas Iskariot? I Matteus 26 står det att Maria från Betania hällde ut en flaska dyr parfym över Jesus. Judas tyckte att det var slöseri. Han sade, *"Det där hade man kunnat sälja för mycket pengar och ge åt de fattiga"* (v. 9). Men egentligen ville han stjäla pengarna.

Här berömmer Jesus det som Maria gjorde. Det var Guds omsorgsfulla plan att förbereda Honom för Hans begravning. Men Judas fick negativa känslor och klagade mot Jesus eftersom Jesus inte lyssnade på det han hade sagt. Till slut begick han en stor synd genom att planera att förråda Jesus och sälja honom för pengar.

I dag händer det hos många människor att själen agerar utanför sanningen. Men trots att vi ser sådant behöver inte vår själ agera så, så länge vi håller våra känslor utanför det. När vi ser något måste det stanna med det och inte att vi börjar använda våra tankar att döma och fördöma, vilket är synd. För att hålla sig själv inom sanningen är det bättre att inte se eller höra något som är osant. Men även om vi kommer i kontakt med osanning kan vi fortfarande bevara oss själva i godhet om vi har goda tankar och känslor.

3. Mörker

Satan har samma mörka makt som Lucifer har och eggar människor till onda tankar och onda hjärtan och att agera ont.

Det som får oss att i själen göra sådant som är osanning är de onda andarna. De onda andarnas värld har fått tillåtelse av Gud att existera för att uppfylla den omsorgsfulla planen av mänsklig kultivering. De har makten över luftens välde medan kultiveringen av mänskligheten pågår. Efesierbrevet 2:2 säger, *"Tidigare levde ni i dem på den här världens vis och följde härskaren över luftens välde, den ande som ni är verksam i olydnadens söner".*

Gud tillät dem att ha kontroll över mörkrets välde tills den tid kommer då Gud stänger den mänskliga kultiveringen.

Dessa onda andar som tillhör mörkret lurar människor till att begå synder och att stå emot Gud. De har också en strikt härordning. Huvudet Lucifer, kontrollerar mörkret, ger order och kontrollerar de underordnande onda andarna. Det finns många andra varelser som hjälper Lucifer. Det finns drakar med särskild makt och som har egna änglar (se Uppenbarelseboken 12:7). Satan, djävulen och demoner finns också.

Lucifer, huvudet över mörkrets värld

Lucifer var en ärkeängel som lovsjöng Gud med en underbar

röst och underbara musikinstrument. Under en lång, lång tid njöt hon av den höga positionen och makten, och att vara så älskad av Gud, men så blev hon arrogant och förrådde Gud. Allt sedan dess har hennes sköna utseende förvandlats till ett fruktansvärt utseende. I Jesaja 14:12 står det, *"Hur har du inte fallit från himlen, du strålande stjärna, du gryningens son! Hur har du inte blivit fälld till jorden, du som slog ner folken till marken!"*

Utan att inse det, efterliknar människor idag Lucifers yttre med sina märkvärdiga frisyrer och smink. Genom trenderna och modet i världen kontrollerar Lucifer människors sinnen och tankar precis som hon vill. Lucifer har särskilt stort inflytande på musikens område.

Hon eggar också människor till synd och laglöshet genom moderna bekvämligheter som datorer. Hon bedrar onda härskare att stå emot Gud. I vissa länder förföljs kristna offentligt. Det är Lucifer som motiverar och uppeggar folk till att göra allt detta.

Lucifer frestar också människor med olika former av trollkonster och magiska krafter, och får schamaner och trollkarlar att tillbe henne. Hon gör sitt allra bästa för att leda ytterligare en själ till helvetet och få människor att stå emot Gud.

Drakar och deras änglar

Drakarna agerar som ledare över onda andar men är underställda Lucifer. Människor tror att draken är ett fantasidjur. Men drakarna existerar i de onda andarnas värld. Eftersom de är andliga varelser är de osynliga. Den vanligaste beskrivningen av drakarna är att de har horn som hjortens, ögon som demoners, och öron som liknar boskapsdjurens. Deras hud har fjäll och de har fyra ben. På något sätt liknar de gigantiska reptiler.

Vid tiden för skapelsen hade drakarna långa, vackra och bedårande fjädrar. De omgav Guds tron. De var älskade av Gud som husdjur och höll sig nära Gud. De hade stor makt och kraft och hade mängder av keruber underställda dem. Men när de blev lurade av Lucifer att gå emot Gud, blev även deras änglar korrumperade och stod emot Gud. Dessa änglar som tillhörde drakarna har också nu fått fruktansvärda djurlika utseenden. De styr över luftens välde tillsammans med drakarna och leder människor till synder och ondska.

Naturligtvis har Lucifer högst position i de onda andarnas värld men ur en praktisk synvinkel har hon gett makten till drakarna och deras änglar att strida mot andliga varelser som tillhör Gud och att härska över luften. Under en väldigt lång tid har drakarna uppeggat människor till att snida ut drakarnas avbilder och mönster för att få människor att tillbe dem. Nu för tiden finns det religioner som öppet avgudar drakar och tillber dem, och dessa människor är kontrollerade av drakar.

Uppenbarelseboken 12:7-9 talar om drakar och deras änglar så här:

En strid uppstod i himlen: Mikael och hans änglar

gav sig i strid med draken. Och draken och hans änglar stred, men han var inte stark nog, och det fanns inte längre någon plats för dem i himlen. Och den store draken, den gamle ormen, som kallas Djävul och Satan, han som bedrar hela världen, kastades ner på jorden och hans änglar kastades ner med honom.

Drakarna uppeggar onda människor genom sina änglar. Sådana onda människor kommer inte ens dra sig för att begå fruktansvärda brott som mord och människohandel. Drakarnas änglar har djuriska former och kallas i 3 Moseboken för avskyvärda inför Gud. Det onda kommer att bli uppenbarat i olika former beroende på vilket slags djur det är, eftersom varje djur har olika karaktärsdrag som grymhet, listighet, oanständighet och promiskuitet.

Lucifer verkar genom drakarna, och drakarnas änglar efter den ordning som getts av drakarna. Det kan jämföras med ett land där Lucifer är kungen och drakarna premiärministrar eller generaler som utövar den administrativa kontrollen över ministrar och soldater. Drakarna behöver inte ta emot direkta order från Lucifer varje gång de ska göra något. Lucifer har redan planterat sina tankar och sitt sinnelag i drakarna, så när drakarna gör något är det automatiskt i enlighet med Lucifers vilja.

Satan har samma hjärta och kraft som Lucifer

De onda andarna kan påverka människor efter den grad som

människornas hjärtan är fläckade av mörker, men demonerna eller djävulen är inte de som provocerar människorna från början. Till en början är det Satan som verkar på människorna, därefter kommer djävulen och slutligen demoner. För att uttrycka det på ett enklare sätt, Satan är Lucifers hjärta. Det har inte någon substantiell form men ändå kan det verka genom människans tankar. Satan har samma makt över mörkret som Lucifer har, och den får människor att få onda tankar och ett sinne som vill begå onda gärningar.

Eftersom Satan är en andlig varelse (Job 1:6-7) arbetar den på olika sätt beroende på vilka mörka drag som personen har. För de som ljuger kommer den som en bedragande ande (1 Kungaboken 22:21-23). För de som orsakar splittring genom att spela ut den ena mot den andra verkar den med en sådan ande (1 Johannes brev 4:6). För de som gillar oanständiga, köttsliga gärningar verkar den med en oren ande (Uppenbarelseboken 18:2).

Som det tidigare förklarats har Lucifer, drakarna och Satan olika roller och olika former, men de har ett sinne och en tanke och en styrka till att utföra ont. Låt oss nu se på hur Satan arbetar på människor.

Satan är som en radiovåg som sprids i luften. Den sprider hela tiden sitt sinne och sin kraft i luften. Och precis som radiovågor kan tas emot av en antenn som är inställd på att ta emot vågorna, vilket är sinnet, kan Satans tankar och mörkrets makt tas emot av dem som är öppna för att ta emot dem. Antennen i detta fall är osanningen, mörkret som finns i människans hjärta.

Den hatiska naturen i hjärtat är som en antenn som accepterar radiovågor av hat som sprids i luften av Satan. Satan lägger mörkrets makt i människor genom människans tankar så snart som mörkrets radiovågor som skapats av Satan och osanningen i hjärtat på människan har samma frekvens och möter varandra. Genom detta kommer ett osant hjärta bli starkare och aktivt. Det är vad som menas med att man har "tagit emot Satans gärningar" eller att man hör Satans röst.

När dessa människor hör Satans röst begår de synder i tankarna vilket sedermera kommer att leda till synder i handling. När sådan ond natur som hat eller avundsjuka tar emot Satans gärningar kommer den personen vilja skada andra. När detta utvecklar sig vidare kan det till och med leda till synden mord.

Satan verkar genom tankarnas passage

Människor har hjärtan fulla av sanning eller osanning. När vi accepterar Jesus Kristus och blir Guds barn, kommer den Helige Ande in i våra hjärtan och rör vid våra hjärtan så vi får sanning. Det betyder att vi hör den Helige Andes röst inuti våra hjärtan. Satan verkar å andra sidan från utsidan och behöver en passage för att komma in i människans hjärta. Denna passage är tankelivet.

Människor accepterar vad de ser, hör och lär sig tillsammans med känslor och lagrar dem i sinnet och hjärtat. Under rätta omständigheter kan dessa minnen kommas ihåg. Detta kallas "tankar". Tankarna är skiljer sig åt beroende på vilka känslor du hade när du lagrade något i ditt minne. Personer som är med om exakt samma situation kan lagra saker på olika sätt. De som har sanningsenliga hjärtan kommer ha sanningsenliga tankar medan de som lagrar det i osanna hjärtan kommer ha tankar med osanning.

De flesta människor har inte lärt sig sanningen som är Guds Ord. Därför har de betydligt mer osanning än sanning i sina hjärtan. Satan motiverar och uppeggar sådana människor till att ha osanna tankar. Dessa tankar brukar kallas "köttsliga tankar". När människor tar emot Satans gärningar kan de inte lyda Guds lag. De blir slavar till synden och når så småningom döden (Romarbrevet 6:16, 8:6-7).

På vilket sätt får Satan kontroll över människans hjärta?

Generellt sett arbetar Satan från utsidan genom passagen som är människans tankar, men det finns undantag. Det står till exempel i Bibeln att Satan for in i Judas Iskariot, en av Herren Jesu lärjungar. Att "Satan for in i honom" betyder att Judas fortsatte att acceptera Satans gärningar och gav till slut hela sitt hjärta till Satan. På det sättet blev han fullständigt tillfångatagen av Satan.

Judas Iskariot fick uppleva Guds förunderliga kraft när han följde Jesus och han fick lära sig godhet, men eftersom han inte gjorde sig av med sin girighet brukade han stjäla Guds pengar från kassan (Johannes 12:6).

Han var också girig och ville ha stor ära och kraft när Messias, Jesus, skulle ta tronen här på jorden. Men det skedde inte på det sättet som han förväntade sig, så lite i taget lät han sina tankar bli intagna av Satan. Till slut blev hela hans hjärta tillfångataget av Satan, och han sålde sin Mästare för trettio silvermynt. Man säger att Satan har farit in i någon när Satan tagit full kontroll över individens hjärta.

I Apostlagärningarna 5:3 sade Petrus att Ananias och Safiras hjärta var uppfyllda av Satan när de hade gömt undan en del av pengarna som de hade fått när de sålt sin mark och sedan kom och ljög för den Helige Ande.

Petrus sade detta på grund av att det hade funnits många liknande situationer tidigare. Uttrycken "Satan for in" eller "uppfylld av Satan" betyder att dessa människor har Satan själv i deras hjärtan och de börjar likna Satan mer och mer. När man ser Satan med andliga ögon liknar det en mörk dimma. Mörkrets energi, som är som en mörk rök, finns runt de människor som tar emot Satans gärningar i stort mått. För att inte ta emot Satans gärningar måste vi först göra oss av med alla osanna tankar. Sedan måste vi dra ut det osanna hjärtat ur oss. Detta innebär att vi måste riva ut antennen som kan ta emot Satans "radiovågor" ordentligt.

Djävul och demoner

Djävulen är en del av de änglar som blev korrumperade tillsammans med Lucifer. Till skillnad från Satan har de olika former. De har ansikte, ögon, näsa, öron och mun som änglar men har en mörk figur. De har också händer och fötter. Djävulen får människor att begå synder och för dem genom olika prövningar och tester.

Men det betyder inte att djävulen far in i människor för att göra det. Med hjälp av instruktioner från Satan kontrollerar djävulen människor som har gett sina hjärtan till mörkret och får dem att begå onda gärningar som inte är accepterade. Men ibland utövar djävulen direkt kontroll över vissa människor och använder dem som sina instrument. De som har sålt sin ande till djävulen, som till exempel trollkarlar och magiker, kontrolleras av djävulen och används som djävulens instrument. De får även andra människor att göra djävulens gärningar. Bibeln säger därför att dessa som begår synder tillhör djävulen (Johannes 8:44, 1 Johannes brev 3:8).

Johannes 6:70 säger, *"Jesus svarade dem: 'Har jag inte själv valt ut er tolv? Och en av er är en djävul!'"* Jesus talade om Judas Iskariot som skulle förråda Jesus. En sådan person som blivit slav till synden och som inte har något med frälsningen att göra, är en djävulens son. När Satan for in i Judas och kontrollerade hans hjärta, begick han djävulens gärningar, vilket var att förråda Jesus. Djävulen är som en mellanhands-manager som tar emot instruktioner från Satan och sedan kontrollerar många demoner som orsakar sjukdomar och smärtor hos människor och leder dem till att hamna djupare och djupare ner i ondskan.

Satan, djävulen och demonerna har en hierarki. De

samarbetar väldigt nära. Först arbetar Satan på de osanna tankarna hos människan för att öppna väg för djävulen att agera. Sedan börjar djävulen med sitt arbete att få människor att begå köttets gärningar och djävulens gärningar. Det är Satan som arbetar genom tankelivet och det är djävulen som får människor att sätta tankarna i handling. När sedan de onda gärningarna passerar en specifik gräns far demonerna snart in i sådana människor. När demonerna farit in, förlorar personerna sin fria vilja och blir som majonetter för demonerna.

Bibeln antyder att demoner är onda andar men de är inte Lucifers fallna änglar (Psaltaren 106:28, Jesaja 8:19, Apostlagärningarna 16:16-19, 1 Korinterbrevet 10:20). Demoner var tidigare människor med ande, själ och kropp. En del människor som har levt på den här jorden och dör utan frälsning, kommer ut till den här världen igen under särskilda, speciella omständigheter och de är de som kallas demonerna. De flesta människorna har inte en klar förståelse om de onda andarnas värld. Men onda andar försöker hela tiden att få en till person in på förödelsens väg, ända tills den sista dagen som är bestämd av Gud.

På grund av detta står det i 1 Petrusbrevet 5:8, *"Var nyktra och vaksamma. Er motståndare djävulen går omkring som ett rytande lejon och söker efter vem han skall sluka"*. Och Efesierbrevet 6:12, *"Ty vi strider inte mot kött och blod utan mot furstar och väldigheter och världshärskare här i mörkret, mot ondskans andemakter i himlarna"*.

Vi måste hela tiden vara vaksamma och nyktra, för om vi lever som mörkrets makt önskar att vi ska göra kan vi inte annat än att hamna på dödens väg.

Kapitel 2
Jaget

Självrättfärdighet formas när vi lär oss osanningen
i världen som om den vore sanningen.
När självrättfärdigheten blir stark skapas ett mentalt ramverk.
Det mentala ramverket blir en systematisk förankring av ens självrättfärdighet.

- Innan ens "jag" är format

- Självrättfärdighet och ramverk

- Att själen agerar i enlighet med sanningen

- Jag dör dagligen

Det fanns en tid innan jag accepterade Herren då jag kämpade mot mina sjukdomar varje dag och det enda roliga jag hade var att läsa romaner om kampsporter. Berättelserna handlade vanligen om att utkräva hämnd.

Den typiska berättelsen gick så här: när hjälten var ett litet barn blev hans föräldrar dödade av en fiende. Han själv undkom massakern med nöd och näppe tack vare en tjänare i huset. När han växte upp möter han en mästare i kampsport. Han blir själv mästare i kampsporten och tar hämnd på sin fiende för att fienden hade dödat hans föräldrar. Dessa romaner anser att det är rättfärdigt och heroiskt att utkräva hämnd, även om det är med risk för sitt eget liv. Men i Bibeln är Jesu undervisning så annorlunda från dessa världsliga romaners undervisning.

Jesus lär oss i Matteus 5:43-45, *"Ni har hört att det är sagt: Du skall älska din nästa och hata din ovän. Jag säger er: Älska era ovänner och be för dem som förföljer er. Då är ni er himmelske Faders barn. Han låter sin sol gå upp över onda och goda och låter det regna över rättfärdiga och orättfärdiga".*

Det liv jag levde var ett gott och ärligt liv. De flesta människor skulle ha sagt att jag var en sådan person som "inte behövde lagen". Men efter att jag accepterat Herren och reflekterade över mig själv genom Guds Ord som predikades i ett väckelsemöte, insåg jag att det i mitt sätt att leva fanns mycket som varit fel. Jag skämdes så mycket över mig själv för jag insåg att språkbruket jag använt, mitt uppförande, mina tankar och till och med mitt samvete var helt fel. Jag omvände mig grundligt inför Gud och insåg att jag hade levt ett liv som inte alls varit rättfärdigt.

Sedan dess jag har kämpat för att inse och upptäcka min självrättfärdighet och mina personliga ramverk och förgöra dem. Jag förnekade mitt "jag" som jag hade skapat tidigare och ansåg det inte längre vara mitt. När jag läste Bibeln återskapade jag mitt "jag" i enlighet med sanningen istället. Jag fastade och bad utan uppehåll för att göra mig av med all osanning i mitt hjärta. Det ledde till att jag kunde känna hur min ondska kastades ut och jag började höra den Helige Andes röst och ta emot Hans ledning.

Innan ens "jag" är format

Hur formar människor sina hjärtan och fastställer sina värderingar? För det första är det en faktor som är nedärvd. Barn liknar sina föräldrar. De ärver utseende, vanor, personlighet, och andra genetiska karaktärsdrag från sina föräldrar. I Korea säger man att vi får "föräldrarnas blod". Men det är inte riktigt blod man talar om utan livsenergin, eller "chi". "Chi" är kristalloiden från all energi som kommer från hela kroppen. Jag vet om en familj där sonen har ett stort födelsemärke ovanför sina läppar. Hans mamma hade tidigare haft samma slags födelsemärke på samma ställe, men hon fick det borttaget genom ett kirurgiskt ingrepp. Trots att hon hade tagit bort det ärvdes det ändå av hennes son.

Människans sperma och ägg innehåller livsenergin. De innehåller inte bara det yttre utseendet utan också personlighet, temperament, intelligens och vanor. Om pappans chi är starkare då konception äger rum kommer barnet likna pappan mer. Om mammans chi är starkare kommer barnet likna mamman mer. Det gör varje barns hjärta olika.

När en person växer och mognar lär han eller hon sig mycket och formar hjärtats åker. Runt fem års ålder börjar människan forma sitt "jag" genom vad hon ser, hör och lär sig. Runt tolv års ålder formar man sina värderingar och en standard som man dömer efter. Runt 18 års ålder börjar ens "jag" att bli ännu fastare. Men problemen skapas när vi anser att sådant som egentligen är fel är rätt, och att det lagras som sanningar i minnet.

Det finns många osanna saker vi lär oss i den här världen. I skolan lär vi oss självfallet mycket som är användbart och nödvändigt för våra liv, men det finns sådant som lärs ut som inte är sant, som till exempel den darwinistiska evolutionsteorin. När föräldrar lär ut något till sina barn, lär de ut sådant som inte är sant som om det vore sant. Tänk dig att ett barn är ute och leker och blir slagen av ett annat barn eller flera barn. I sin frustration kanske föräldrarna säger något som, "Du äter tre gånger om dagen precis som andra barn och borde vara stark, så varför blev du slagen? Om någon slår dig en gång, ska du slå dem två! Har du inte händer och fötter som alla andra barn? Du måste lära dig att ta hand om dig själv".

Ett barn som behandlas på ett sådant förnedrande sätt efter att ha blivit slagen av sina vänner, vad kommer hans samvete att utvecklas till? Han kommer mest troligen att tycka att han är en dumskalle och att det är fel att låta andra slå honom. Om andra slår honom kommer han att tro att han har rätt att slå tillbaka två gånger. Med andra ord lär de barnet något som är ont som om det vore gott.

Hur skulle föräldrar som följer sanningen undervisa sitt barn i en sådan situation? De skulle gå igenom situationen och lära honom med godhet och sanning så att de kan ha frid, genom att säga något som: "Älskling, kan du bara försöka förstå dem? Tänk efter nu om det var något som du gjorde fel. Gud lär oss att övervinna ondska med godhet".

Om barnen får undervisning utifrån Guds Ord, och enbart Guds Ord, i varje situation, kommer de att kunna utveckla goda och sanna samveten. Men för det mesta lär föräldrarna sina barn osanning och lögner. När föräldrarna ljuger, ljuger barnen också. Tänk dig att telefonen ringer och dottern svarar. Hon täcker över luren så att den som ringer inte kan höra henne. Hon säger: "Pappa, farbror Tom vill prata med dig". Då säger pappan till dottern: "Säg till honom att jag inte är hemma".

Dottern kollar med sin pappa innan hon ger telefonen till honom eftersom det har skett upprepade gånger tidigare.

Människor lär sig många osanna saker under sin uppväxt, och det leder till att de utvecklar dessa osanna sätt att döma och fördöma andra utifrån sina känslor. Det är på det här sättet som ett osant samvete formas.

De flesta människorna är självcentrerade. De jagar efter det som kan ge dem fördelar och de tror att de själva har rätt. Om andra människors idéer eller intentioner inte är som deras egna, tänker man att de andra har fel. Men andra människor tänker också på samma sätt. Det blir svårt att komma överens om alla tänker så. Det samma gäller bland människor som står varandra nära, som man och hustru, föräldrar och barn. De flesta formar sitt "jag" på det här sättet och därför borde man inte insistera på att ens eget "jag" är det enda rätta.

Självrättfärdighet och ramverk

Många människor formar sin standard som man dömer utifrån eller sina värderingar genom det som själen gör som är osant. Det leder till att de lever inom sin egen självrättfärdighet och inom sina egna ramverk. Men denna självrättfärdighet är formad av osanningar som de accepterat från världen och som de anser är sanningen. De som har en sådan självrättfärdighet kommer inte bara att anse att de själva har rätt på grund av sina egna värderingar, utan också försöka tvinga på andra sina åsikter och uppfattningar.

När denna självrättfärdighet förhärdas blir den till ett ramverk. Med andra ord, detta ramverk är en systematiskt formad struktur av ens självrättfärdighet. Dessa ramverk skapas baserat på varje individs personlighet, smak, uppförande, teorier och tankar. Om du befinner dig i en situation där två valmöjligheter är ok, om du bara håller dig till en av möjligheterna, och denna åsikt blir solid i dig, blir den till ett ramverk för dig. Då utvecklas en tendens att bli mer öppen och visa acceptans för de som har liknande prioriteringar, personligheter och uppfattningar, men det finns också en tendens att bli mindre tolerant mot dem som inte tycker som du. Det beror på ett personligt ramverk.

Dessa slags ramverk kan bli avslöjade på olika sätt i vårt vardagsliv. Ett nygift par kanske grälar över triviala ting. Mannen tycker att det är rätt att klämma ut tandkrämen från slutet av tuben, medan frun klämmer på tuben på ett annat ställe. Om man insisterar på sitt sätt att se på saken kommer det oundvikligen leda till en konflikt. Konflikter uppstår av ramverk i ens vanor som skiljer sig från andras.

Tänk dig att det finns en anställd i ett företag som gör allt arbete själv utan att få någon annans hjälp. En del människor är vana vid att göra allt själv eftersom de växte upp i svåra miljöer och var tvungna att arbeta ensam. Deras uppförande beror inte på arrogans. Om du då skulle döma den personen och anse att han är arrogant eller självcentrerad, är det en felaktig dom.

För det mesta, när man ser det utifrån sanningen, är en

människas självrättfärdighet och personliga ramverk felaktiga. Felet uppstår från hjärtat med osanning som inte betjänar andra och som söker egna fördelar. Även troende har självrättfärdighet och ramverk som de inte ens inser att de finns.

De tror att de lyssnar på Guds Ord och har gjort sig av med synder till en viss grad, och de känner sanningen. Med denna kunskap visar de sin självrättfärdighet. De kommer med domar över andra om hur de lever sina liv i tro. De jämför också sig själva med andra och tycker att de är bättre än andra. En gång i tiden såg de bara goda saker i andras liv, men senare börjar de förändra sig och ser deras tillkortakommanden istället. De insisterar på sina egna uppfattningar men säger att de gör så "på grund av Guds rike".

En del människor talar som om de visste allt och att bara de är rättfärdiga. De talar alltid om andras tillkortakommanden och kommer med dom över dem. Det betyder att de inte kan se sina egna tillkortakommanden utan bara andras.

Innan vi fullständigt förändras av sanningen har vi alla självrättfärdighet och ramverk. Efter den grad vi har ondska i våra hjärtan kommer vi ha handlingar från själen som tillhör osanningen, snarare än handlingar som tillhör sanningen. Det gör att vi kommer med dom och fördömande över andra utifrån vår egen självrättfärdighet och våra egna ramverk. För att vi ska kunna ha en andlig tillväxt måste vi anse det som vi tänker och våra teorier som ingenting värt. Vi måste förgöra vår självrättfärdighet och våra ramverk och få handlingar från själen som tillhör sanningen.

Att själen agerar i enlighet med sanningen

Vi kan få andlig tillväxt och förändring så vi blir Guds sanna barn när vi förändrar våra handlingar från själen som tillhör osanningen till de som tillhör sanningen. Så vad behöver vi göra för att ha handlingar från själen som tillhör sanningen?

Först och främst måste vi kunna urskilja och lägga märke till allt utifrån sanningens standard.

Människor har olika samveten, och standarden i världen skiljer sig också beroende på tid, plats och kultur. Även om du handlar på rätt sätt enligt dina värderingar, kan det anses vara fel av andra människor som har andra värderingar.

Människor formar sina värderingar och vilket uppförande som är acceptabelt i olika miljöer och kulturer, och därför får vi inte döma andra utifrån vår egen standard. Den enda, ultimata standarden med vilken vi kan urskilja vad som är rätt och fel och vad som är sanning och osanning är Guds Ord, som är sanningen själv.

Bland det som världsliga människor anser vara rätt och riktigt finns det mycket som Bibeln håller med om, men det finns också mycket som inte stämmer överens. Tänk dig att en av dina vänner begår ett brott, men en annan blev felaktigt anklagad för det. I det här fallet skulle de flesta anse att det är acceptabelt att inte avslöja din väns skuld. Men om du håller tyst, och vet att en oskyldig har blivit felaktigt anklagad, kan din handling aldrig bli anses vara rättfärdig i Guds ögon.

Innan jag trodde på Gud och jag var på besök hos någon runt mattid, och de frågade mig om jag redan hade ätit brukade jag säga: "Ja, jag har redan ätit". Jag tänkte aldrig att det var fel eftersom jag hade sagt det för att inte ställa till besvär för den andra personen. Men i andlig bemärkelse kan det bli en fläck på oss i Guds ögon för det är inte riktigt sant, trots att det inte är en synd. Efter att jag insåg detta faktum började jag använda andra uttryck som: "Jag har inte ätit, men jag vill inte ha något just nu".

För att kunna urskilja allt utifrån sanningen behöver vi lyssna på och lära oss från sanningens Ord och bevara det i våra hjärtan. Vi behöver läsa Bibeln och göra oss av med felaktig standard som vi har format med osanning i denna värld. Oavsett hur vist något är i den här världen, behöver vi kasta det ifrån oss om det är emot Guds Ord.

För det andra, för att ha ett agerande från själen som tillhör sanningen måste våra attityder och känslor stämma överens med sanningen.

När vi försöker få våra känslor att stämma överens med sanningen spelar sättet på vilket vi tar till oss saker stor roll. Jag såg en mamma som skällde ut sitt barn och sa: "Om du gör så kommer pastorn att skälla ut dig!" Hon gör så att hennes barn tror att pastorn är någon man ska vara rädd för. Ett sådant barn kommer känna sig rädd och undvika pastorn snarare än att hålla sig nära pastorn när han växer upp.

För länge sedan såg jag en filmscen. En flicka var nära vän med en elefant och elefanten brukade vira sin snabel runt flickans hals. En dag när flickan sov, kom en giftig orm och slingrade sig runt hennes hals. Om hon hade vetat att det var en giftig orm skulle hon blivit skräckslagen. Men i sömnen höll hon sina ögon stängda och trodde att det var elefantens snabel runt hennes hals. Så hon blev inte alls överraskad. Istället upplevde hon det som vänligt. Känslorna skiljer sig från tankarna.

Känslorna blir annorlunda beroende på vad vi tänker. Människor som känner sig äcklade av maskar, småkryp och tusenfotingar njuter av den goda smaken av en kyckling trots att det är just sådana kryp som kycklingen äter. Vi kan nu se hur våra känslor om något beror på hur vi tänker. Oavsett vilken person vi möter eller vilket slags arbete vi gör, behöver vi bara tänka och känna på goda sätt.

Och för att vi ska kunna tänka och känna gott på alla områden måste vi alltid se till att vi bara ser, hör och tar till oss goda ting. Det är särskilt viktigt i dessa dagar när vi kan se i princip allt genom massmedia och Internet. Ondska, grymheter, våldsamheter, trolöshet, självcentrering, lurendrejerier och listighet förökas runt oss mer idag än under någon annan tid i historien. För att vi ska kunna hålla oss i sanningen är det bättre att inte se, höra, eller ta till oss sådana ting, och att ta till oss det så lite som möjligt. Men även om vi möter dessa ting kan vi i den stunden bestämma oss för att ta till oss sanning och godhet. "Hur?" frågar du!

De som till exempel hör ruggiga berättelser om demoner eller vampyrer vid en ung ålder får otäcka tankar om dem, särskilt om de är ensamma i mörkret efter att ha sett en skräckfilm. Om de hör något konstigt ljud eller ser någon skugga blir de livrädda och börjar skaka. Om de är ensamma kan minsta lilla sak få dem att skrika ut i rädsla.

Men om vi lever i ljuset beskyddar Gud oss och de onda andarna kan inte röra oss. Istället fruktar och bävar de på grund av det andliga ljus som kommer ut från oss. Om vi förstår detta faktum kan vi förändra våra tankar. Vi förstår i hjärtat att onda andar inte är skrämmande varelser och det innebär att våra känslor också kan förändras. Eftersom vi kan lägga mörkrets värld under oss kan vi, även om demoner visar sig, driva iväg dem i namnet Jesus Kristus.

Låt oss tänka på ett till sätt där människor kan ha känslor som inte är passande. Jag var på en pilgrimsresa med församlingsmedlemmar för ungefär 20 år sedan. I Grekland fanns det en staty av en naken man på en idrottsanläggning. Den ingraverade skriften uppmuntrade till träning och sport för ett hälsosamt folk eftersom det är grunden till en hälsosam nation.

Där kunde jag se skillnaden mellan turister från andra europeiska länder och våra församlingsmedlemmar.

En del av de kvinnliga medlemmarna tog bilder framför statyn utan några som helst problem, medan andra kvinnliga medlemmar rodnade. De undvek platsen som om de hade sett något de inte skulle ha sett. Orsaken till att de rodnade vid åsynen av statyn var för att de hade ett sinne med tankar på äktenskapsbrott. De hade en opassande känsla om nakenhet, och kände det när de såg statyn av en naken man. Sådana människor kan till och med komma med fördömande mot de som på nära håll studerar en sådan staty. Men de europeiska turisterna verkade inte vara generade alls och hade inga sådana känslor. De såg på statyn med uppskattning för att det var ett fint konststycke.

I det här fallet borde ingen döma dessa europeiska turister för att vara skamlösa. Om vi förstår de olika kulturerna och förändrar osanna känslor till sanna, kommer vi inte känna oss generade eller skamfyllda. Adam levde i sin nakenhet när han inte hade någon köttslig kunskap, för han hade inte några tankar på äktenskapsbrott, och ett sådant sätt att leva var mycket vackrare.

För det tredje, för att ha ett agerande från själen som tillhör sanningen ska vi inte bara acceptera saker utifrån vårt eget perspektiv, utan också från andras perspektiv.

Om du bara accepterar sådant som stämmer med din egen

ståndpunkt, erfarenhet och sätt att tänka, kommer din själ ofta agera utifrån osanning. Du kommer förmodligen lägga till eller dra ifrån från andras ord så de stämmer med dina egna tankar. Du kanske missförstår, dömer, fördömer och låter dåliga känslor stiga upp.

Tänk dig en person som blivit skadad i en olycka. Han klagar väldigt mycket över sin smärta. De som inte har upplevt en sådan smärta eller de som har stor smärttolerans kanske tycker att personen gör för mycket väsen av något så lite. Om du accepterar andra människors ord baserat på din egen ståndpunkt eller utifrån dina egna erfarenheter kommer du ha ett agerande i din själ som är osant. Om du försöker se saker från den andra personens synvinkel kan du förstå honom och graden av smärta som han känner.

Om du bara förstår den andra personens situation och accepterar honom, kommer du kunna leva i frid med alla. Du kommer inte behöva hata eller uppleva något obehagligt. Även om du får lida skada eller motstånd på grund av en annan person, om du först tänker på honom, kommer du inte att hata honom utan ändå älska honom och ha barmhärtighet över honom. Om du känner till den kärlek som Jesus som blev korsfäst för oss hade och Guds nåd, kan du till och med älska dina fiender. Så var det i Stefanus fall. Trots att han höll på att bli stenad till döds för något som inte han var skyldig till, hatade han inte dem som stenade honom utan han bad för dem.

Men ibland märker vi att det inte är så lätt att ha ett sanningsenligt agerande i själen som vi önskar. Därför behöver vi alltid vara på alerten när det gäller våra ord och handlingar och försöka förändra vår själs agerande från osanning till sanning. Vi kan ha ett agerande i själen som tillhör sanningen med hjälp av Guds nåd och styrka och med den Helige Andes hjälp när vi ber och fortsätter att försöka.

Jag dör dagligen

Aposteln Paulus förföljde först de kristna för att han hade en stark självrättfärdighet och mentala ramverk. Men efter att han mött Herren insåg han att hans självrättfärdighet och mentala ramverk inte var riktiga, och han ödmjukade sig till den grad att han ansåg att allt han tidigare haft var sådant man kastar på skräphögen. I början fick han kämpa i sitt hjärta när han insåg att den ondska som fanns i honom kämpade mot det som ville göra gott (Romarbrevet 7:24).

Men han gjorde en bekännelse utifrån tacksamhet och satte sin tro till att livets lag och den Helige Ande i Kristus Jesus hade gjort honom fri från syndens och dödens lag. I Romarbrevet 7:25 säger han, *"Gud vare tack, Jesus Kristus, vår Herre! Alltså tjänar jag själv med mitt sinne Guds lag, men med köttet tjänar jag syndens lag"* och i 1 Korinterbrevet 15:31, *"Jag dör varje dag, så sant som jag i Kristus Jesus, vår Herre, kan berömma mig av er, mina bröder"*.

Han sade "Jag dör varje dag" och detta betyder att han

omskar sitt hjärta på daglig basis. Han gjorde sig nämligen av all osanning inom honom som till exempel högmod, självupphöjelse, hat, dömande, vrede, arrogans och girighet. Och som han bekände så gjorde han sig av med det genom att kämpa mot det ända till blods. Gud gav honom nåd och styrka och med hjälp av den Helige Ande förändrades han till en andlig människa som bara hade ett agerande utifrån sanningen från sin själ. Till slut blev han en mäktig apostel som spred evangeliet medan han gjorde många tecken och under.

Kapitel 3
Det som har med köttet att göra

En del människor begår synder som avundsjuka, svartsjuka, dömande, fördömande och äktenskapsbrott i sina sinnen. Det syns inte på utsidan men sådana synder begås för att dessa människor har syndfulla kännetecken inom sig.

- Kroppens köttsliga gärningar

- Betydelsen av "köttet är svagt"

- Det som kommer från köttet: Synd som begåtts i sinnet

- Köttets begär

- Ögonens begär

- Högmod över livets goda

För dem vars ande är död blir deras själ herre och den del som styr över kroppen. Tänk dig att du är törstig och du vill dricka något. Då kommer själen befalla handen att ta ett glas och föra det till din mun. Om någon i den stunden förolämpar dig och du blir arg kanske du vill kasta ifrån dig glaset. Vilket slags agerande utifrån själen är detta?

Detta händer när Satan uppeggar själen som tillhör köttet. Människan tar emot gärningar från fienden djävulen och Satan efter den grad de har osanning i sig. Om de accepterar Satans gärningar kommer de att ha tankar som är osanna och om de accepterar djävulens gärningar kommer de ha osanna handlingar.

Tanken att kasta ifrån dig glaset utifrån ilska gavs av Satan, och om du fortsätter och kastar iväg det är det djävulens gärning. Tanken kallas "det som kommer från köttet" och handlingen kallas "köttets gärningar". Orsaken till att vår själ agerar så här och att vi har osanna handlingar beror på den syndfulla naturen som har planterats av fienden djävulen och Satan alltsedan Adams fall och som har blivit ett med människornas kroppar.

Kroppens köttsliga gärningar

Romarbrevet 8:13 säger, *"Om ni lever efter köttet kommer ni att dö. Men om ni genom Anden dödar kroppens gärningar skall ni leva".*

Här betyder "kommer ni att dö" att du kommer möta evig död, vilket är helvetet. Därför handlar ordet "kött" inte bara om våra fysiska kroppar. Det har också en andlig betydelse.

Därefter står det att om vi dödar kroppens gärningar genom Anden, kommer vi att leva. Betyder det att vi måste göra oss av med allt som kroppen gör som att sitta, ligga, äta osv.? Självklart inte! Här handlar "kroppen" om det skal eller den container ur vilken andlig kunskap som ges till människan av Gud har läckt ut. För att förstå den andliga betydelsen av det här måste vi lära oss vilken slags varelse Adam var.

När Adam var en levande ande, var hans kropp värdefull och odödlig. Han åldrades inte och han kunde inte dö eller gå under. Han hade skinande, vacker och andlig kropp. Hans uppförande utstrålade dignitet mer än någon annan adelsman på denna jord. Men från den tid då synd kom in i honom och som ett resultat av hans synd, blev hans kropp en ovärdig kropp, som inte var annorlunda än djurens.

Låt mig ge dig en allegori. Vår kropp kan jämföras med en kopp som har vätska i sig. Vår ande är vätskan. Samma kopp kan ha olika värde beroende på vätskan som finns i koppen. Det var på samma sätt med Adams kropp.

Som en levande ande hade Adam endast sanningens kunskap som till exempel kärlek, godhet, sanningsenlighet och rättfärdighet, och Guds ljus som hade getts till honom från Gud. Men när hans ande dog, läckte sanningens kunskap ut ur honom och istället för sanningen fick han köttsliga ting av fienden djävulen och Satan. Han ändrade sig och följde den osanning som hade blivit en del av honom. Det står: "genom Anden dödas kroppens gärningar". Här handlar "kroppens gärningar" om de handlingar som kommer från kroppen och som är kombinerade med osanningar.

Det finns till exempel människor som höjer sin knytnäve, slamrar i dörrar och visar ett aggressivt yttre beteende när de blir arga. Vissa människor använder fult språk i varje mening de talar. Vissa människor ser på personer från det motsatta könet med lusta och andra uppvisar vulgärt beteende.

Kroppens gärningar handlar inte bara om det synliga uttrycket för synd utan också alla andra handlingar som inte är fullkomliga i Guds ögon. När vissa människor talar med andra pekar de omedvetet finger mot människor eller andra ting. Vissa människor höjer sin röst när de talar med andra så att det låter som om de bråkar med varandra. Detta kan verka trivialt men det är gärningar som kommer från kroppen och de är kombinerade med osanning.

Ordet "kött" är ett frekvent använt ord i Bibeln. I denna vers,

Johannes 1:14 används ordet "kött" i sin bokstavliga mening. *"Och Ordet blev kött och bodde bland oss, och vi såg hans härlighet, en härlighet som den Enfödde har av Fadern, och han var full av nåd och sanning"*. Men det används oftare med en andlig betydelse.

Romarbrevet 8:5 säger, *"De som lever efter sin köttsliga natur tänker på det som hör till köttet, men de som lever efter Anden tänker på det som hör till Anden"*. Och Romarbrevet 8:8 säger, *"De som följer sin syndiga natur kan inte behaga Gud"*.

Här används ordet "kött" med den andliga betydelsen och handlar om den syndfulla naturen som står i kombination med kroppen. Det är genom kombinationen syndfull natur och kropp som sanningens kunskap läckte ut ur Adam. Fienden djävulen och Satan planterade olika syndfulla naturer i människan som blev integrerade i kroppen. De syns inte direkt i handling, men dessa kännetecken finns i människan så att de kan komma ut som handling när som helst.

När vi nämner vart och ett av dessa köttsliga kännetecken kallar vi det "sådant som kommer från köttet". Hat, avundsjuka, svartsjuka, falskhet, listighet, arrogans, vrede, dömande, fördömande, äktenskapsbrott och girighet kan tillsammans kallas för "kött" och var och en för sig för "sådant som kommer ut från köttet".

Betydelsen av "köttet är svagt"

När Jesus bad i Getsemane sov lärjungarna. Jesus sade till Petrus, *"Håll er vakna och be, så att ni inte kommer i frestelse. Anden är villig, men köttet är svagt"* (Matteus 26:41). Men detta betyder inte att lärjungarnas kroppar var svaga. Petrus var robust byggd eftersom han hade varit en fiskare. Så vad betyder det att "köttet är svagt"?

Eftersom Petrus inte hade tagit emot den Helige Ande ännu, var han en köttslig människa som inte fullständigt hade gjort sig av med synder och därför inte kultiverat en kropp som tillhör anden. När en människa gör sig av med sina synder och går in i anden, nämligen blir en andlig människa och en sanningens människa, börjar hans ande styra hans själ och kropp. Även om kroppen är väldigt trött kan du undvika att falla i sömn om du verkligen från hjärtat vill hålla dig vaken.

Men vid det här tillfället hade Petrus ännu inte gått in i anden och därför kunde han inte kontrollera de köttsliga kännetecknen som trötthet och lathet. Så även om han ville hålla sig vaken så kunde han inte det. Han var fortfarande inom sin fysiska begränsning. Att vara fysiskt begränsad på det här sättet är vad det menas med att köttet är svagt.

Men efter Jesu Kristi uppståndelse och uppstigande till himlen tog Petrus emot den Helige Ande. Nu kunde han inte bara kontrollera sina köttsliga egenskaper utan också bota många sjuka människor och till och med uppväcka döda. Han spred evangeliet med sådan stark tro och frimodighet att han till och med valde att till slut bli korsfäst upp och ner.

Jesus spred evangeliet om Guds rike och botade människor dag och natt, trots att Han inte hade ätit eller sovit tillräckligt. Men eftersom Hans ande kontrollerade Hans kropp kunde Han, även i en situation där Han var väldigt trött, be tills Hans svett blev som blodsdroppar som föll till marken. Jesus hade varken arvssynden eller en självbegången synd i sitt liv. Därför kunde Han kontrollera sin kropp med anden.

En del troende begår synder och kommer med ursäkter som: "Mitt kött är svagt". Men de säger så eftersom de inte känner till den andliga betydelsen av detta uttryck. Vi måste förstå att Jesus inte bara återlöste oss från våra synder utan också från vår svaghet när Han utgöt sitt blod på korset. Vi kan vara friska i både ande och kropp och göra sådant som mänskliga begränsningar säger nej till om vi bara har tro och lyder Guds Ord. Vi har också den Helige Andes hjälp och därför borde vi inte säga att vi inte kan be eller att vi inte har något annat val än att synda för att vårt kött är svagt.

Det som kommer från köttet: Synd som begåtts i sinnet

Om människor har ett kött, om de har syndfull natur som integrerats med deras kropp, begår de synder inte bara i tankarna utan också i handlingar. Om de uppvisar kännetecken på falskhet kommer de att lura andra om de befinner sig i en situation som inte är till deras egen fördel. Om de bara begår synden i hjärtat men inte i handling är det "något som kommer från köttet".

Tänk dig att du ser en vacker smyckesjuvel som tillhör din granne. Om du ens överväger att ta det eller stjäla det, då har du redan begått synder i ditt hjärta. De flesta människorna anser inte att detta är en synd. Men Gud utrannsakar hjärtat och till och med fienden djävulen och Satan känner till ett sådant hjärta hos människan, så de kan komma med anklagelser mot en sådan synd som denna, något som kommer ut från köttet.

I Matteus 5:28 sade Jesus, *"Jag säger er: Var och en som med begär ser på en kvinna har redan begått äktenskapsbrott med henne i sitt hjärta"*. I 1 Johannes brev 3:15 står det, *"Den som hatar sin broder är en mördare, och ni vet att ingen mördare har evigt liv i sig"*. Om du begår synder i hjärtat betyder det att du har lagt grunden till att så småningom begå syndfulla gärningar.

Man kan fortfarande ha ett leende på sitt ansikte och låtsas att man älskar någon trots att man hatar personen och vill slå honom. Om något händer och man inte längre kan kontrollera situationen kommer ens ilska brista och man börjar bråka eller slåss med personen. Men om man gör sig av med den syndfulla, hatiska naturen i sig själv, kommer man aldrig hata personen, även om han utsätter en för svårigheter.

Som det står i Romarbrevet 8:13, *"Om ni lever efter köttet kommer ni att dö. Men om ni genom Anden dödar kroppens gärningar skall ni leva"* kommer du så småningom begå köttsliga gärningar om du inte gör dig av med det som kommer från köttet. Men Skriften säger också, *"men om ni genom Anden dödar kroppens gärningar skall ni leva"*. Det är alltså möjligt att göra gudfruktiga och heliga gärningar när du gör dig av med det som kommer från köttet, en sak i taget. Så nu till frågan, hur kan vi snabbt göra oss av med det som kommer från köttet och köttets gärningar?

Romarbrevet 13:13-14 säger, *"Låt oss leva värdigt, det hör dagen till, inte i utsvävningar och fylleri, inte i otukt och lösaktighet, inte i strid och avund. Nej, ikläd er Herren Jesus Kristus och ha inte en sådan omsorg om kroppen att begären väcks till liv"* och i 1 Johannes brev 2:15-16 står det, *"Älska inte världen, inte heller det som är i världen. Om någon älskar världen, finns inte Faderns kärlek i honom. Ty allt som finns i världen, köttets begär och ögonens begär och högmod över livets goda, det kommer inte från Fadern utan från världen"*.

Från dessa verser kan vi inse att allt som finns i världen är orsakat av köttets begär, ögonens begär och högmod över livets goda. Begär är en energikälla som driver människor till att söka och acceptera förgängligt kött. Det är en stark makt som får människor att tycka om världen, ja att älska den.

Låt oss nu gå tillbaka till scenen när Eva blev frestad av ormen i 1 Mosebok 3:6, *"Och kvinnan såg att trädet var gott att äta av och en fröjd för ögat. Trädet var lockande eftersom man fick förstånd av det, och hon tog av frukten och åt. Hon gav också till sin man som var med henne, och han åt".*

Ormen sade till Eva att hon skulle bli som Gud. I den stunden hon accepterade ordet, kom den syndfulla naturen i henne och slog sig ner som kött. När nu köttets begär hade kommit in i henne blev frukten lockande att äta av. Ögonens begär kom in och frukten var en fröjd för ögat. Högmod över livets goda kom in och trädet blev lockande eftersom man fick förstånd av det. När Eva accepterade sådant begär ville hon äta frukten och det slutade med att hon gjorde det. Tidigare hade hon inte ens haft en tanke på att vara olydig mot Guds Ord, men när hennes begär blev motiverat, blev frukten lockande och såg god ut. När hon längtade efter att bli som Gud blev hon slutligen olydig mot Gud.

Köttets begär, ögonens begär och högmod över livets goda får oss att känna att synd och ondska är gott och älskvärt. Det leder till att det som kommer från köttet blir starkare och till slut kommer köttets gärningar ut. För att därför göra oss av med köttsliga ting måste vi först göra oss av med dessa tre begär. Sedan kan vi börja göra oss av med själva köttet från våra hjärtan.

Om Eva hade vetat vilken oerhörd smärta som skulle komma av att äta frukten skulle hon inte tyckt att frukten var god att äta av eller en fröjd för ögat. Istället hade hon hållit sig undan så att hon inte av misstag skulle röra vid den eller se den, för att ens nämna, äta av den. Om vi på samma sätt inser vilken stor smärta det för med sig när vi älskar världen och att det kommer att få oss att hamna i helvetet med åtföljande straff, kommer vi definitivt inte att älska världen. När vi väl inser hur värdelös denna syndfulla värld är med allt vad den innehåller, kan vi enkelt göra oss av med våra köttsliga begär. Låt mig utveckla detta.

Köttets begär

Köttets begär är en natur som säger att man ska följa köttet och begå synder. När vi har kännetecken som hat, ilska, självviska begär, lösaktiga tankar, avundsjuka och stolthet, då kan köttets begär bli upptänt. När vi hamnar i en situation där syndfull natur upptänds stiger intresset och nyfikenheten väcks. Detta kommer leda oss till att känna att synder är goda och älskvärda. Vid denna tidpunkt blir det som kommer från köttet uppenbarat och det utvecklas till köttsliga gärningar.

Tänk dig till exempel en ny troende som bestämmer sig för att sluta dricka, men han har fortfarande längtan att dricka alkohol, och denna längtan är något som kommer från köttet. Om han då går till en bar eller en plats där människor dricker alkohol, kommer köttets begär efter en drink att stimuleras. Då triggar det mannens längtan och gör att han till slut dricker alkohol och blir berusad.

Låt mig ge dig ett annat exempel. Om vi har kännetecken att döma och fördöma andra, tenderar vi att vilja höra rykten om andra människor. Vi tycker kanske att det är kul att höra och sprida rykten och prata om andra människor. Om vi har vrede i oss och det är någon som inte håller med oss, kommer vi bli uppeggade och vilja bli arga på någon eller något på grund av det. Om vi försöker kontrollera oss själva och inte följa det som kommer ut från köttet, som att bli arg, märker vi att det är väldigt smärtsamt och oerhört svårt. Om vi har kännetecken av stolthet så kan vi i vår stolthet ha kännetecken om att vilja skryta om oss själva. I vår stolthet vill vi också bli betjänade av andra på grund av det som finns i oss. Om vi har en längtan efter att bli rika, kommer vi försöka att bli det, även om det innebär att vi blir det på andras bekostnad, även om det orsakar lidande och skada för andra. Detta köttsliga begär kommer att bli större ju mer vi begår dessa synder.

Men även om en person är ny i tron och har en svag tro behöver hans köttsliga begär inte bli stimulerade så lätt om han ber ivrigt, tar emot nåd från gemenskapen med andra medlemmar och är full av den Helige Ande. Även om köttets begär upptänds långt bak i hans sinne, kan han omedelbart driva ut det med sanningen. Men om han slutar att be och förlorar fullheten i den Helige Ande kommer han att ge utrymme för fienden djävulen och Satan att stimulera köttets begär igen.

Så vad är det som är viktigt när man gör sig av med köttets begär? Det är att bevara fullheten i den Helige Ande så att din önskan att söka anden blir starkare än din önskan att söka köttet. Vi behöver alltid vara andligt vakna som det står i 1 Petrus brev 5:8, *"Var nyktra och vaksamma. Er motståndare djävulen går omkring som ett rytande lejon och söker efter vem han skall sluka".*

För att kunna göra det får vi inte upphöra att vara uthålliga i bön. Även om vi är väldigt upptagna med Guds verk kommer vi förlora fullheten i den Helige Ande om vi slutar att be. Då kommer vägen att öppnas för köttets begär att bli stimulerat. Då kan vi begå synder i tankarna och sedan vidare i handling. Det är därför som till och med Jesus, Guds Son, gav oss ett gott exempel på att be utan uppehåll under Hans liv på jorden. Han slutade aldrig att be och kommunicera med Fadern och utföra Hans vilja.

Om du gör dig av med synd och når helgelse kommer du självklart inte att ha några köttsliga begär som upptänds i dig, och därför kommer du inte att underordna dig köttet eller begå synder. De som är helgade kommer alltså att be, inte för att göra sig av med köttsliga begär, utan för att ta emot större fullhet i Anden och utföra uppgifter i Guds rike ännu mer.

Om du skulle få mänskligt avföring på dina kläder, vad skulle du göra då? Då skulle du inte bara borsta av dig det utan du skulle noggrant tvätta dem med tvål för att också få bort lukten. Om en mask eller mal kryper på dina kläder skulle du bli överraskad och omedelbart skaka av dig den. Men synder i hjärtat är mycket smutsigare och mer avskyvärd än mänsklig avföring eller en mask. Som det står i Matteus 15:18, *"Men det som går ut ur munnen kommer från hjärtat, och det gör människan oren"* skadar de en människa in i märg och ben och orsakar stor smärta.

Vad händer om en fru upptäcker att hennes man har en utomäktenskaplig affär? Så smärtsamt det skulle vara för henne! Det skulle vara likadant för mannen. Det kommer bli orsak till bråk och friden i hemmet skulle försvinna. Det skulle till och med kunna göra att man går skilda vägar.

Ögonens begär

"Ögonens begär" stimulerar hjärtat med det man hör och ser och gör att en person söker det som kommer från köttet. Trots att det kallas "ögonens begär" kommer ögonens begär in i människans hjärta genom det man ser, hör och känner under ens uppväxttid. Vad de ser och hör berör deras hjärtan och ger dem känslor och genom detta väcks "ögonens begär".

Om du ser något och accepterar det med den känsla som följer med den, kommer du uppleva liknande känsla nästa gång du ser något liknande. Det kan räcka med att du bara hör om just det där, för att du ska bli påmind om tidigare erfarenheter, så att ögonens begär hos dig blir stimulerade. Om du fortsätter att ta emot ögonens begär kommer det motivera ditt kötts begär och slutligen hamnar du i synd.

Vad hände när David såg Urias hustru Bat-Seba bada? Han kunde inte göra sig av med ögonens begär utan accepterade det, vilket sedan upptände hans kötts begär som gav honom längtan efter att ha den kvinnan. Slutligen tog han henne och begick till och med synden att sända ut hennes make Uria till fronten i striden för att han skulle bli dödad. Genom att göra detta drog David en fruktansvärd prövning över sig själv.

Om vi inte gör oss av med ögonens begär, fortsätter det att stimulera den syndfulla naturen inom oss. Om vi till exempel tittar på obscent material kommer det att motivera den syndfulla naturen av äktenskapsbrott. När vi ser med ögonen kommer ögonens begär in i oss, och Satan driver våra tankar i riktning mot osanning.

De som tror på Gud får inte acceptera ögonens begär. Du ska inte titta på eller höra på det som inte är sant, och du borde inte ens gå till platser där du kan komma i kontakt med osanna ting. Oavsett hur mycket du än ber och fastar och går på bönenätter för att dra ut ditt kött, kommer ditt köttsliga begär bli starkare och ännu mer motiverat om du inte gör dig av med ögonens begär. Det kommer leda till att det inte blir så lätt för dig att göra dig av med köttet så lätt och du kommer känna att det är väldigt svårt att kämpa mot synder.

När soldater i ett krig som befinner sig innanför stadsmurarna tar emot förnödenheter utifrån staden får de mer styrka till att fortsätta att strida. Det kommer inte vara lätt för dem utanför att besegra fienden innanför stadsmuren. För att därför besegra staden måste man först omringa den och skära av möjligheterna till försörjning för staden så att fiendestyrkorna inte får någon möjlighet att få mat och vapen. Om man fortsätter att attackera medan man fortfarande uppehåller denna situation kommer fiendestyrkorna till slut att besegras.

Om vi fortsätter med det exemplet, om fiendestyrkorna inne i staden är osanning, köttet inom oss, är förnödenheterna utifrån ögonens begär. Om vi inte gör oss av med ögonens begär kommer vi inte kunna göra oss av med synder ens om vi fastar och ber, eftersom den syndfulla naturen hela tiden fortsätter att ta emot styrka. Så först måste vi skära av tillförseln av ögonens begär och be och fasta för att göra oss av med syndfull natur. Sedan kommer vi kunna kasta ut det ur oss genom nåden och styrkan från Gud och fullheten i den Helige Ande.

Låt mig ge dig ett ännu enklare exempel. Om man häller rent vatten i ett kärl med smutsigt vatten kommer det smutsiga vattnet till slut att blir rent. Men vad händer om man häller i rent vatten samtidigt som man häller i smutsigt? Då kommer det smutsiga vattnet i kärlet inte att bli rent, oavsett hur länge man häller, om det är både rent och smutsigt vatten man häller. På samma sätt får vi inte acceptera osanning längre om vi ska kunna göra oss av med köttet och kultivera ett andligt hjärta. Acceptera bara sanningen.

Högmod över livets goda

Människor har en benägenhet att skryta. "Högmod över livets goda" är "det fåfängliga och skrytsamma i vår natur som vi har gentemot njutningar i det här livet". Man vill till exempel skryta om sin familj, sina barn, sin man eller fru, dyra kläder, fint hus och fina smycken. Man vill bli erkänd för hur man ser ut eller för ens talang. Man vill till och med skryta över att man är vän med inflytelserika människor och kändisar. Om du har högmod över livets goda värdesätter du rikedom, berömmelse, kunskap, talang och världens sätt att uppträda och söker entusiastiskt efter detta.

Men vad är nyttan av att skryta över sådant? Predikaren 1:2-3 säger att allt som finns under solen är fåfängligt. I Psaltaren 103:15 står det, *"En människas dagar är som gräset, hon blomstrar som markens blommor"* och visar oss att skryt över denna världen inte kan ge oss sant värde eller liv. Istället är skryt avogt inställd mot Gud och leder oss till döden. Om vi gör oss av med meningslöst kött, kommer vi att bli fria från skrytande och lustar och då kommer vi enbart att följa sanningen.

1 Korinterbrevet 1:31 säger oss att den som ska berömma sig ska berömma sig i Herren. Det betyder att vi inte ska skryta för att lyfta upp oss själva utan se till att Gud får äran. Det innebär att vi kan skryta om korset och Herren som frälste oss och om himmelriket som Han har förberett för oss. Vi borde också skryta över den nåd, välsignelserna, härligheten och allt som Gud har gett oss. När vi skryter i Herren finner Gud behag till det och Han ger oss materiella och andliga välsignelser tillbaka.

Människans uppgift är att med respekt frukta och älska Gud och varje persons värde blir bestämt utifrån den grad han blir en andlig människa (Predikaren 12:13).

När vi väl gjort oss av med alla synder och ondska, nämligen köttets gärningar och det som kommer från köttet, och återfår den förlorade avbilden till Gud, kan vi nå längre än den första människan Adam som var en levande ande. Detta betyder att vi kan bli andliga människor med en hel ande. Därför får vi inte mata köttets begär utan endast klä oss i Kristus.

Kapitel 4
Bortom "levande ande"-nivån

När vi väl förgjort de köttsliga tankarna,
kommer själens agerande som baserats på kött att försvinna,
och själen kommer endast agera utifrån anden härefter.
Själen lyder sin herre anden fullständigt med ett "amen".
När det är mästaren som agerar som mästare och tjänaren
som agerar som tjänare menar vi att det står väl till med vår själ.

- Människans begränsade hjärta

- Bli en andlig människa

- Levande ande och kultiverad ande

- Andlig tro är sann kärlek

- Mot helighet

Till och med nyfödda barn är människor men de kan inte göra allt som en människa kan göra. De har inte någon kunskap än. De kan inte ens känna igen sina föräldrar. De vet inte hur man överlever. På liknande sätt kunde Adam, som hade skapats som en levande ande, inte göra det han var tänkt att göra som människa i början. Han blev en meningsfull varelse först efter att han hade fyllts med andlig kunskap. Han började leva som herre över alla varelser allt eftersom han fick andlig kunskap från Gud på tu man hand. På den tiden var Adams hjärta anden själv, så det fanns inget behov för ordet "hjärta".

Men när han syndade dog hans ande. Den andliga kunskapen började läcka ut från honom lite i taget, och istället fylldes han med köttslig kunskap som han fick från fienden djävulen och Satan. Hans hjärta kunde inte längre kallas "ande" och från den tiden och vidare kallades det "hjärta".

Från början hade Adams hjärta skapats till Guds avbild, Gud som är ande. Hans hjärta kunde också utvidgas allt eftersom det fylldes med andlig kunskap. Men efter att hans ande hade dött började osanningens kunskap omge anden, och då fick hjärtats expansionsmöjlighet vissa begränsningar. Eftersom själen blev herre över människan började människorna ta till sig olika slags kunskap, och de började använda kunskapen på olika sätt. När olika kunskaper började användas på olika sätt började människornas hjärtan förändras på olika sätt.

Därför kan inte ens de som har relativt stora hjärtan gå över en särskild gräns som satts på grund av individuell självrättfärdighet, personliga ramverk och ens egna teorier. Men så fort vi accepterar Herren Jesus Kristus, tar emot den Helige Ande och föder vår ande genom Anden, då kan vi passera dessa mänskliga begränsningar. Och efter hur mycket vi kultiverar det andliga hjärtat kan vi uppleva och lära oss mer om den obegränsade andliga världen.

Människans begränsade hjärta

När själsliga människor lyssnar på Guds Ord hamnar budskapet först i deras hjärna, och sedan bedömer de Ordet med mänskliga tankar. På grund av detta kan de inte acceptera Hans Ord med sina hjärtan. Det är helt naturligt att de inte kan inse andliga ting eller förändra sig själva med sanningen. De försöker förstå den andliga världen med sina egna begränsade hjärtan, och så dömer de på olika sätt. De missförstår också ofta och dömer till och med patriarkerna i Bibeln.

När Gud befallde Abraham att offra sin ende son Isak säger

somliga att det måste ha varit väldigt svårt för Abraham att lyda. De säger ungefär: Gud tillät Abraham att resa under tre dagar till Moria berg för att pröva hans tro. Under denna tid gick Abraham säkerligen igenom stor ångest över om han skulle lyda Guds befallning eller inte. Men till slut valde han att lyda Guds Ord.

Hade Abraham verkligen sådana problem? Han gick iväg tidigt på morgonen, utan att ens tala med sin fru Sara om det. Han litade fullständigt på Guds kraft och godhet som kunde uppväcka från döden. På grund av detta kunde han utan att tveka ge sin son Isak. Gud såg hans inre hjärta och erkände hans tro och kärlek. Det ledde till att Abraham blev trons fader och kallades "Guds vän".

Om man inte förstår den nivå av tro och lydnad som behagar Gud kommer man att missförstå en sådan här händelse för att man tänker utifrån sitt begränsade hjärta, sin begränsade inställning och sin egen trosstandard. Vi kan bara förstå dem som älskar Gud till den yttersta graden och behaga Gud efter hur mycket som vi gör oss av med synder och kultiverar ett andligt hjärta.

Bli en andlig människa

Gud är ande och därför vill Han att Hans barn också ska bli andliga människor. Vad behöver vi då göra för att bli en andlig människa; vars ande har blivit herre över både själ och kropp? Framför allt måste vi göra oss av med alla osanna tankar, nämligen köttsliga tankar, så att vi inte är kontrollerade av Satan. Istället måste vi höra den Helige Andes röst som rör vid våra hjärtan genom sanningens Ord. Vi måste låta vår själ lyda den rösten helt och hållet. När vi lyssnar till Guds ord måste vi acceptera det med ett "amen" och be uthålligt till dess vi förstår den andliga betydelsen av Hans Ord.

När vi gör så, om vi tar emot fullheten från den Helige Ande, blir vår ande herre, och vi kan nå den andliga dimensionen där vi kan kommunicera med Gud varje dag. Det är när själen lyder sin herre, anden, fullständigt och är som en slav till anden, som det "står väl till med vår själ". Om vår själ har framgång, kommer vi ha framgång i allt och vara friska.

Om vi kan förstå hur själen agerar och tar tillbaka det sätt som Gud önskar, då kommer vi inte längre bli uppeggade av Satan. Då kommer vi återfå avbilden av Gud som Adam förlorade i och med sitt fall. Då återställs och fastställs ordningen mellan anden, själen och kroppen och vi blir sanna Guds barn. Då kan vi till och med gå vidare till nivån av levande ande, vilken var Adams nivå. Vi kommer inte bara att få auktoritet och kraft att styra över allt utan också njuta av evig glädje och lycka i himmelriket, vilket ligger på en ännu högre nivå än Edens lustgård. Som det står i 2 Korinterbrevet 5:17, *"Alltså, om någon är i Kristus är han en ny skapelse. Det gamla är förbi, se, det nya har kommit"* kommer vi att bli en fullständigt ny skapelse i Kristus Jesus.

Levande ande och kultiverad ande

När vi lyder Guds befallning som uppmanar oss att inte göra vissa saker och att hålla andra saker, innebär det att vi inte gör köttets gärningar utan håller oss själva inom sanningen. På detta sätt blir vi mer och mer andliga människor. Så länge vi är köttsliga människor som gör osanning, kommer vi kanske ha olika problem eller bli sjuka, men när vi blir andliga människor kommer vi ha framgång i allt och vara friska.

När vi också gör oss av med ondska, eftersom Gud säger åt oss att göra oss av med något särskilt, "sådant som kommer från köttet" och köttsliga tankar blir nedmonterade, kommer vi få en själ som tillhör sanningen. När vi enbart tänker i enlighet med sanningen kommer vi kunna höra den Helige Andes röst ännu tydligare. Om vi till fullo förblir i Guds befallningar som uppmanar oss att hålla, inte göra, eller göra oss av med särskilda ting, då kan vi bli erkända som andliga människor för då har vi inte längre någon osanning i oss. Om vi också helt och hållet håller Guds befallningar som säger åt oss att göra vissa saker, blir vi människor med hel ande.

Det finns också en stor skillnad mellan dessa andliga människor och Adam som tidigare var en levande ande. Adam hade aldrig upplevt något köttsligt genom mänsklig kultivering, och därför kunde han inte anses vara en fullständigt andlig varelse. Han kunde aldrig förstå något om sorg, smärta, död och separation som orsakas av köttet. Detta betyder, å ena sidan, att han inte kunde visa sann uppskattning, tacksamhet eller kärlek. Trots att Gud älskade honom så mycket, kunde han inte uppskatta hur god den kärleken var. Han njöt av det bästa, men han kunde inte känna att han var så lycklig. Han kunde inte vara ett sant Guds barn som kunde dela sitt hjärta med Gud. Bara efter att man har gått igenom köttsliga ting och vet vad det är kan man bli en sann andlig varelse.

Medan Adam var en levande ande upplevde han inget köttsligt. Därför hade han alltid lättare att acceptera kött och korruption. Adams ande var inte en fullständig och perfekt ande i sann mening, utan en ande som kanske skulle dö. Det var därför han kallades en levande varelse, vilket betyder en levande ande. Då kanske några frågar hur en levande ande kunde acceptera Satans frestelse. Låt mig ge dig en liknelse här.

Tänk dig att det finns två mycket lydiga barn i en familj. En av dem har en gång blivit bränd av hett vatten medan den andra aldrig blivit bränd. En dag pekar mamman på en gryta med kokande vatten och säger åt dem att inte rör vid den. De brukar alltid vara duktiga på att lyda sin mamma, så ingen av dem rör vid den.

Men ett av barnen har redan upplevt att en gryta med kokande vatten är farlig, så han lyder med villigt hjärta. Han förstår också sin mammas hjärta som älskar dem och försöker beskydda dem genom varningen. Men det andra barnet, som inte har en sådan erfarenhet, blir nyfiken när han ser grytan med ångande vatten som stiger upp ur den. Det är inte möjligt för honom att förstå hans mammas intention. Det finns alltid en chans att han kommer att röra den heta grytan utifrån sin nyfikenhet.

Det var på samma sätt med den levande anden Adam. Han hörde att synd och ondska är fruktansvärt, men han hade aldrig upplevt det. Det fanns inte en chans för honom att förstå exakt vad synd och ondska var. Eftersom han inte hade upplevt tingens relativitet, accepterade han till slut Satans frestelse med sin egen fria vilja och åt av den förbjudna frukten.

Till skillnad från Adam, den levande anden som aldrig förstod tingens relativitet, ville Gud ha sanna barn, som efter att ha upplevt köttet, hade andliga hjärtan som aldrig skulle ändra sig, oavsett omständigheter. De förstår mycket väl kontrasten mellan kött och ande. De har upplevt synd och ondska, smärta och sorg i den här världen, så de vet hur smärtsamt, smutsigt och meningslöst köttet är. De känner också mycket väl till anden, som är motsatsen till kött. De vet hur vacker och god den är. Så, med deras egen fria vilja, kommer de aldrig mer att acceptera köttet. Det är skillnaden mellan den levande anden och den kultiverade anden.

En levande ande skulle enbart lyda ovillkorligt medan en kultiverad ande lyder från hjärtat efter att ha upplevt både gott och ont. Dessa andliga människor som har gjort sig av med alla synder och ondska kommer också ta emot välsignelsen av att få komma in i himlens Tredje Kungadöme bland de olika boplatserna i Himlen människor med hel ande, staden Nya

Jerusalem.

Andlig tro är sann kärlek

När vi väl blir andliga människor i vår trosmarsch, kommer vi att kunna känna lyckan och glädjen från en fullständigt annorlunda dimension. Vi kommer ha sann frid i hjärtat. Vi kommer alltid vara glada, be utan uppehåll och vara tacksamma för allt, som det står i 1 Tessalonikerbrevet 5:16-18. Vi förstår Guds hjärta och vilja att ge oss sann lycka, så vi kan älska Gud med sanna hjärtan och tacka Honom.

Vi hörde att Gud är kärlek, men innan vi blev andliga människor kunde vi inte riktigt förstå den kärleken. Bara efter att vi förstått Guds omsorgsfulla plan genom den mänskliga kultiveringsprocessen, kan vi på djupet förstå att Gud är kärleken själv och hur vi måste älska Honom först, över allt annat.

Så länge vi inte gör oss av med kött från våra hjärtan kommer vår kärlek och tacksamhet inte vara sanningsenlig. Trots att vi säger att vi älskar Gud och är tacksamma till Honom, kan vi ändra kursen i livet när saker och ting inte längre går som vi önskar det. Vi säger att vi är tacksamma när saker och ting går bra, men efter ett tag glömmer vi snart bort nåden. Om det kommer svåra saker till oss blir vi frustrerade och till och med arga, och har snart glömt bort nåden. Vi glömmer bort vår tacksamhet och den nåd vi tagit emot.

Men tacksamheten från andliga människor kommer från

djupet av deras hjärtan, så den förändras aldrig genom tidens tand. De förstår Guds omsorgsfulla plan som kultiverar människor trots de tunga bördorna som kommer av det, och de tackar Gud sanningsenligt och från djupet av deras hjärtan. De älskar också verkligen Herren Jesus och tackar Honom för att Han tog korset för oss och den Helige Ande som leder oss till sanningen. Deras kärlek och tacksamhet förändras aldrig.

Mot helighet

Människan korrumperades av synd, men efter att de accepterar Jesus Kristus och tar emot frälsningens nåd kan de genom tron och den Helige Andes kraft bli förändrade. De kan då gå bortom nivån "levande ande". Efter den grad som osanning försvinner från dem och de istället fylls med sanningen kan de bli andliga människor genom att bli heliga.

När människor ser onda ting kombinerar de, i de flesta fall, det som de ser med osanningen som finns i dem och tänker och känner därmed ont. På detta sätt blir de vana att visa onda gärningar. Men de som är helgade har ingen osanning i sig och därför kommer inga onda tankar eller onda gärningar ut från deras liv. De tittar inte ens på onda ting, men även om de skulle råka se det onda, kommer det inte att kopplas ihop med onda tankar eller gärningar.

Vi kan anses vara helgade om vi kultiverar ett rent hjärta som inte har någon fläck eller skrynkla genom att till och med dra ut den ondska som finns djupt i våra hjärtan. De som bara har andliga tankar, nämligen de som ser, hör, talar och enbart handlar i sanningen är Guds sanna barn som har nått bortom andens nivå.

Som det står i 1 Johannes 5:18, *"Vi vet att ingen som är född av Gud syndar. Han som är född av Gud bevarar honom, så att den onde inte kan röra honom"* är syndfrihet kraften i den andliga världen. Helighet är att inte ha någon synd. På grund av detta kan vi, beroende på den grad vi gör oss av med synder, få tillbaka den auktoritet som gavs till den levande anden Adam, och besegra och lägga fienden djävulen och Satan under oss.

När vi väl blir andliga människor kan djävulen inte ens röra oss, och när vi väl blir människor med hel ande och bygger upp godhet och kärlek, kommer vi kunna göra den Helige Andes kraftfulla gärningar och göra stora och mäktiga ting.

Vi kan bli andliga människor och människor med hel ande genom att bli helgade (1 Tessalonikerbrevet 5:23). Om vi tänker på Gud, som kultiverar mänskligheten, och har burit den under en så lång tid för att få sanna barn, då kan vi förstå att det mest meningsfulla i livet är att bli andliga människor och människor med hel ande.

Ande, Själ och Kropp I

DEL 3

Återhämta anden

Är jag en köttslig person eller en andlig person?
Vilken skillnad är det mellan ande och hel ande?

> "Jesus svarade: 'Amen, amen säger jag dig:
> Den som inte blir född av vatten och Ande
> kan inte komma in i Guds rike.
> Det som är fött av köttet är kött,
> och det som är fött av Anden är ande'".
> - Johannes 3:5-6

Kapitel 1
Ande och hel ande

Eftersom mänsklighetens ande har dött behöver mänskligheten frälsning. Vårt kristna liv är processen från att ande har blivit uppväckt till dess att den mognar.

- Vad är ande?

- Återhämta anden

- Tillväxtprocessen i anden

- Kultivera den goda jorden

- Spår av kött

- Bevis på att man är i hel ande

- Välsignelser som ges till andliga människor och människor med hel ande

På grund av Adams synd dog människans ande. Från den stunden blev deras själ herre. Det gör att människor hela tiden accepterar osanningar och följer sina egna lustar. Till slut kan de inte ta emot frälsning. Eftersom de kontrolleras av själen, som är under Satans inflytande, begår de synder och hamnar i helvetet. Det är därför som alla människor behöver bli frälsta. Gud letar efter sanna barn som är frälsta genom mänsklig kultivering, Han söker nämligen efter andliga människor och människor med hel ande.

Som 1 Korinterbrevet 6:17 säger, *"Men den som är förenad med Herren är en ande med honom"* är Guds sanna barn de som har förenats med Jesus Kristus i anden.

När vi accepterar Jesus Kristus börjar vi leva i sanningen genom den Helige Andes hjälp. Om vi helt och hållet lever i sanningen betyder det att vi har blivit andliga människor som har Herrens hjärta. Det är då vi är en ande med Herren. Även om vi har blivit en ande med Honom är ändå Guds ande och människans ande fullständigt olika. Gud är ande i sig själv, utan en fysisk kropp, men människans ande är i en fysisk kropp. Gud har andens form som tillhör himlen och människan har andens form i en fysisk kropp som är skapad av markens stoft. Det finns definitivt en stor skillnad mellan Gud Skaparen och människor som är skapelser.

Vad är ande?

Många människor tror att ordet "ande" är utbytbart med ordet "själ". Ordboken *The Merriam-Webster's Dictionary* säger att ande är "den animerade eller vitala principen som ger liv till fysiska organismer, eller en övernaturlig varelse eller substans" [fritt översatt till svenska]. Men i Guds ögon är anden något som aldrig dör, aldrig går under eller förändras, utan som är evig. Den är liv och sanning i sig själv.

Om vi ska leta rätt på något som har karaktärsdrag från anden på den här jorden, skulle det vara guld. Glimret från den förändras inte, trots tidens tand, och det går aldrig under eller förändras. Av denna orsak liknar Gud vår tro med rent guld och bygger också husen i himlen med guld och andra dyrbara ädelstenar.

Den första människan, Adam, tog emot en del av Guds ursprungsnatur när Gud inandade sin andedräkt i hans näsborrar. Han skapades som en ofullkomlig ande. Detta beror på att möjligheten fanns för honom att återvända till att vara en köttslig varelse, med jordens karaktärsdrag. Han var inte bara "ande". Han var en "levande ande" vilket är en "levande varelse".

Varför skapade Gud Adam som den levande anden? Det

beror på att Han ville att Adam skulle gå bortom dimensionen av den levande anden genom att uppleva köttet genom den mänskliga kultiveringen och bli en människa med hel ande. Det gäller inte bara Adam utan alla hans efterkommande. På grund av detta förberedde Gud till och med före tidernas begynnelse Frälsaren Jesus och Hjälparen den Helige Ande.

Återhämta anden

Adam levde i Edens lustgård som en levande ande under en omätlig tidsperiod, men till slut blev hans kommunikation med Gud bruten på grund av hans synd. Då började Satan plantera osann kunskap i honom genom hans själ. Under den här processen började den andliga kunskapen som Gud hade gett honom försvinna och ersattes av köttsliga komponenter som är osann kunskap som gavs av Satan.

Allt eftersom tiden gick började dessa köttsliga komponenter mer och mer fylla människan. Osanningen omringade och kvävde livets säd i människan. Det var som om osanning segrade och höll livets säd i fångenskap tills det till slut blev inaktivt. I detta stadie, när livets säd är fullständigt inaktivt, säger vi att anden är "död". Att anden är död innebär att Guds Ljus som kan få livets säd att aktiveras har försvunnit. Vad kan vi nu göra för att återuppväcka den döda anden?

För det första, vi måste bli födda av vatten och Anden.

När vi lyssnar på Guds Ord som är sanningen och accepterar Jesus Kristus som vår personliga Frälsare, ger Gud oss den Helige Ande som en gåva i våra hjärtan. Jesus sade i Johannes 3:5, *"Amen, amen säger jag dig: Den som inte blir född av vatten och Ande kan inte komma in i Guds rike".* Av detta kan vi se att vi enbart kan bli frälsta efter att ha blivit födda av vatten, vilket är Guds Ord, och den Helige Ande.

Den Helige Ande kommer in i våra hjärtan och får livets säd att bli aktivt igen. Det är då vår döda ande blir uppväckt. Han hjälper oss att göra oss av med kött som är osanningar, förgöra själens osanna handlingar och ger oss sanningens kunskap. Om vi inte tar emot den Helige Anden kan inte vår döda ande bli uppväckt och vi kan inte heller förstå den andliga betydelsen i Guds Ord. Ordet som vi inte kan förstå, kan inte planteras i våra hjärtan och vi kan inte få andlig tro. Vi kan bara få andlig förståelse och förmåga att tro från hjärtat med den Helige Andes hjälp. Tillsammans med detta kan vi ta emot styrka att praktisera Guds Ord och leva av det när vi ber. Utan Hans hjälp genom böner finns det ingen styrka att praktisera Ordet.

För det andra, vi måste fortsätta att föda anden genom Anden.

När vår döda ande är uppväckt genom att vi tagit emot den Helige Ande, måste vi fortsätta att fylla vår ande med sanningens kunskap. Detta är att föda anden genom Anden. När vi ber starkt med den Helige Andes hjälp för att kämpa emot synder ända till blods, kommer ondska och osanning i hjärtat att försvinna. Efter den grad vi accepterar sanningens kunskap som ges av den Helige Ande som till exempel kärlek, godhet, sanningsenlighet, mildhet och ödmjukhet, kommer vi får mer och mer sanning och godhet i hjärtat. Om vi med andra ord accepterar sanningen genom den Helige Ande, backar vi den process genom vilken mänskligheten har blivit korrumperad allt sedan Adams fall.

Det finns dock människor som har tagit emot den Helige Ande men inte förändrats i sina hjärtan. De följer inte den Helige Andes längtan utan fortsätter istället att leva i synder och följer köttets begär. I början försöker de göra sig av med synder, men vid en särskild tidpunkt blir de ljumna i sin tro och slutar att kämpa mot synder. Från den stund de slutar att kämpa mot synder börjar de bli vänner med världen och börjar begå synder. Deras hjärtan som tidigare blivit renare och vitare blir nedfläckad med synd igen. Även fast vi har tagit emot den Helige Ande kan livets säd inom oss inte få styrka om våra hjärtan fortsätter att vara indränkta med osanningar.

1 Tessalonikerbrevet 5:19 varnar oss, *"Släck inte Anden"*. Vi kan nå ett stadie där vi har namnet om oss att vi lever, men så länge vi inte förändrar oss efter att ha tagit emot den Helige Ande, är vi döda (Uppenbarelseboken 3:1). Så även om vi har tagit emot den Helige Ande, kommer denne Helige Ande gradvis släckas om vi fortsätter att leva i synder och ondska.

Därför behöver vi hela tiden försöker förändra våra hjärtan

tills det blir ett fullständigt sanningsenligt hjärta. I 1 Johannes brev 2:25 står det, *"Och detta är vad han själv lovade oss, det eviga livet"*. Ja, Gud har gett oss ett löfte. Men det finns ett villkor med det.

För att Gud ska kunna ge oss evigt liv behöver vi förenas med Herren och Gud genom att praktisera Guds Ord som vi har hört. Vi kan inte ta emot frälsning även om vi säger att vi tror på Herren om vi inte lever i Gud och Herren.

Tillväxtprocessen i anden

Johannes 3:6 säger, *"Det som är fött av köttet är kött, och det som är fött av Anden är ande"*. Precis som det är skrivet, vi kan inte föda anden så länge vi förblir i köttet.

När vi därför tagit emot den Helige Ande och vår döda ande blivit uppväckt, måste anden fortsätta att växa. Vad händer om ett barn inte växer upp ordentligt eller slutar växa? Barnet kommer inte kunna leva ett normalt liv. Det är på samma sätt med det andliga livet. De Guds barn som har fått liv måste fortsätta att få sin tro och ande att växa.

Bibeln säger oss att var och ens mått av tro är olika (Romarbrevet 12:3). I 1 Johannes brev 2:12-14 står det om de olika trosnivåerna, och där delas de också in i tron som små barn har, barn, unga män och fäder har:

> *Jag skriver till er, barn: era synder är förlåtna för hans namns skull. Jag skriver till er, fäder: ni har lärt*

känna honom som är från begynnelsen. Jag skriver till er, unga män: ni har besegrat den onde. Jag har skrivit till er, barn: ni har lärt känna Fadern. Jag har skrivit till er, fäder: ni har lärt känna honom som är från begynnelsen. Jag har skrivit till er, unga män: ni är starka och Guds ord förblir i er och ni har besegrat den onde.

Efter den grad vi förändrar oss själva till att ha ett sant hjärta ger Gud oss tro från ovan. Det är med den tron som man kan tro från hjärtat, vilket är att "föda anden genom Anden". Det är det här som den Helige Ande gör: den Helige Ande låter oss föda anden och hjälper oss att utöka vår tro. Den Helige Ande kommer in i våra hjärtan och lär oss om synd, rättfärdighet och dom (Johannes 16:7-8). Han hjälper oss att tro på Jesus Kristus.

Han hjälper oss också att inse den andliga betydelsen i Guds Ord och så att vi accepterar det i våra hjärtan. Genom den här processen kan vi återfå Guds avbild och bli Guds sanna barn, som är andliga människor och människor med hel ande.

För att vår ande ska växa upp måste vi först förgöra våra köttsliga tankar. Köttsliga tankar skapas när osanningen i våra hjärtan kommer ut genom själens osanna agerande. Om du till exempel har ondska i ditt hjärta och hör att någon skvallrar om dig kommer du först att få ett osant agerande från själen. Du kommer ha köttsliga tankar och tycka att personen är oförskämd, och du blir förolämpad och känslor av att vara illa till mods kan uppstå.

I denna stund är det Satan som kontrollerar själen. Satan är den som lägger in de onda tankarna. Genom själens agerande uppretas osanningen i hjärtat som är sådant som kommer från köttet, till exempel hett temperament, hat, ogillande och högmod. Istället för att försöka förstå andra vill du omedelbart konfrontera personen.

Detta som kommer från köttet som nämnts tidigare också, är köttsliga tankar. Om ens självrättfärdighet, självuppfattning och ens egna teorier kommer ut genom själens agerande är det också kött. Tänk dig att en person har ett slags ramverk i tankarna där han tycker att det är rätt att inte kompromissa i tron. Då kommer han bara fortsätta att tänka att hans idéer är rätta och bryta friden med andra även i situationer då han istället borde beakta den andra personens trosnivå eller andra omständigheter. Tänk dig också en person som har en viss inställning om något och tror att det kommer bli svårt att uppnå något på grund av verkligheten i omständigheterna. Det kan också anses vara köttsliga tankar.

Till och med efter att vi tagit emot den Helige Ande genom att acceptera Herren Jesus, har vi fortfarande köttsliga tankar beroende på hur mycket kött som vi ännu inte har gjort oss av med. Vi har andliga tankar när vi tar till oss sanningens kunskap som är Guds Ord, men vi har köttsliga tankar när osanningens kunskap tas emot. Den Helige Ande kan inte mobilisera sanningens kunskap på grund av den grad av köttsliga tankar vi har.

Det är därför det står i Romarbrevet 8:5-8, *"De som lever efter sin köttsliga natur tänker på det som hör köttet till, men de som lever efter Anden tänker på det som hör till Anden. Köttets sinne är död, men Andens sinne är liv och frid. Köttets sinne är fiendskap mot Gud. Det underordnar sig inte Guds lag och kan det inte heller. De som följer sin syndiga natur kan inte behaga Gud".*

Detta stycke antyder att vi bara kan nå den andliga nivån när vi bryter våra köttsliga tankar. De som stannar kvar i köttet kan inte hjälpa att de har köttsliga tankar, och det leder till att de har tankar, ord och uppförande som är mot Gud.

Ett av de tydligaste exemplen på att stå emot Gud på grund av köttsliga tankar är i fallet med kung Saul I 1 Samuelsboken 15. Gud befallde honom att attackera Amalek och sade åt honom att förgöra allt där. Det var en del av det straff de fick för att de i förgångna tider på ett kraftigt sätt stod emot Gud.

Men när Saul vunnit striden tog han med sig det goda från boskapen och sade att han ville ge dem till Gud. Han tillfångatog också amalekiternas kung istället för att förgöra honom. Han ville visa upp vad han hade gjort. Han var olydig för att han hade köttsliga tankar som kom ut från hans girighet och arrogans. När hans ögon blev förblindade av girighet och arrogans fortsatte han att använda sina köttsliga tankar och gick till slut en bedrövlig död till mötes.

Den grundläggande orsaken till att man har köttsliga

tankar är att det finns osanningar i våra hjärtan. Om vi bara har sanningens kunskap i våra hjärtan kan vi aldrig ha köttsliga tankar. De som inte har några köttsliga tankar kommer på ett naturligt sätt bara ha andliga tankar. De kommer att lyda den Helige Andes röst och ledning, så att de kan bli älskade av Gud och uppleva Hans gärningar.

Det står fast att vi uthålligt måste göra oss av med osanningar och fylla oss själva med kunskap om sanningen, vilket är Guds Ord. För att fylla oss med kunskapen om sanningen betyder inte bara att vi känner till Ordet i våra huvuden, utan vi måste fylla och kultivera våra hjärtan med Guds Ord. På samma gång måste vi byta ut våra egna tankar med andliga tankar. När vi interagerar med andra eller ser något som händer, får vi inte döma eller fördöma utifrån vår egen synvinkel, utan vi får försöka se dem utifrån sanningen. Vi måste hela tiden kontrollera om vi har behandlat andra med godhet, kärlek och sanningsenlighet i varje stund, så att vi kan förändras. På det här sättet kan vi växa andligt.

Kultivera den goda jorden

Ordspråksboken 4:23 säger, *"Framför allt som skall bevaras må du bevara ditt hjärta, ty från det utgår livet"*. Det står att källan till liv som ger oss evigt liv finns i hjärtat. Vi kan endast skörda frukter efter att vi har sått frön i åkern, så att de kan skjuta skott, blomma, och bära frukt. På samma sätt kan vi bara bära andliga frukter efter att Guds Ords säd faller ner i vårt hjärtas åker.

Guds Ord, som är källan till liv, har två funktioner när det sås in i hjärtat. Det plöjer ut synd och osanning från våra hjärtan, och det hjälper till att bära frukt. Bibeln innehåller många stora befallningar, men befallningarna faller under en av dessa fyra kategorier: Gör; gör inte; håll; gör dig av med. Bibeln säger till exempel åt oss att "göra oss av med" girighet och alla former av ondska. Följande är exempel på "gör inte": "Hata inte" eller "döm inte". När vi lyder dessa befallningar kommer synden dras ut ur våra hjärtan. Det betyder att Guds Ord kommer in i våra hjärtan och kultiverar det till att bli god jord.

Men det skulle vara värdelöst om vi stannar vid att plöja jorden. Vi måste så säd av sanning och godhet i den plöjda åkern så att vi kan bära de nio frukterna från den Helige Ande, och få uppleva saligprisningarna och andlig kärlek. Att bära frukterna är att lyda de befallningar som uppmanar oss att hålla och göra vissa saker. När vi håller och praktiserar Guds befallningar kommer vi såsmåningom att bära frukterna.

Processen att bli en andlig människa, som det talades om i den första delen av detta kapitel angående "Kultivering", är det samma som att kultivera vårt hjärtas åker. Vi förvandlar den okultiverade jorden till en åker med god jord genom att plöja i jorden, ta bort stenar, och dra upp ogräs. På liknande sätt måste vi göra oss av med alla köttets gärningar och sådant som hör till köttet i lydnad till Guds Ord som uppmanar oss till "gör inte" och "gör dig av med" vissa saker. Alla har olika slags ondska. Så om vi drar upp roten på ondskan som vi upplever är allra svårast att göra oss av med, kommer allt annat ont som är associerat med det också att komma ut. Om till exempel en person med stor svartsjuka drar ur svartsjukan, kommer annan ondska som hat, skvaller, och falskhet också komma ut.

När vi väl drar ut den huvudsakliga roten till vrede kommer andra former av ondska som irritation och frustration också dras ut. Om vi ber och gör oss av med vrede, kommer Gud ge oss nåden och styrkan och den Helige Ande kommer hjälpa oss att göra oss av med det. När vi fortsätter att tillämpa sanningens Ord i vår vardag kommer vi nå fullheten i den Helige Ande och köttets makt kommer bli försvagat. Tänk dig en person som blir arg tio gånger om dagen, men när frekvensen minskar till nio, sju och fem gånger, kommer det till slut att försvinna helt. När vi gör så, om vi förändrar våra hjärtan till att bli god jord genom att göra oss av med all syndfull natur, kommer detta hjärta bli ett "andligt" hjärta.

I tillägg till det måste vi plantera sanningens Ord som uppmanar oss att göra och hålla vissa saker, som att älska, förlåta, tjäna andra, och helga sabbatsdagen. Här behöver vi inte börja fylla oss själva med sanningen när vi är färdiga med att göra oss av med alla osanningar. Att göra sig av med osanningar och ersätta dem med sanningar måste ske samtidigt. När vi väl bara har sanning i våra hjärtan genom denna process, kommer vi kunna anses vara en andlig person.

Något som vi måste göra oss av med för att bli en andlig

person är den ondska som finns i vår ursprungsnatur. För att återigen jämföra det med jord, är denna ondska som är en del av ursprungsnaturen likt jordens sammansättning. Denna ondska ärvs från föräldrar till barnen genom livsenergin som också kallas "chi". Om vi också kommer i kontakt med och accepterar onda ting genom vår uppväxt, kommer vår natur bli allt mer ond. Ondskan i vår ursprungsnatur syns inte i vanliga omständigheter, och det är svårt att inse att man har den.

Så även om vi gör oss av med alla synder och all ondska som syns på ytan, är det inte lika lätt att göra sig av med den ondska som finns djupt rotad i vår natur. För att kunna göra det måste vi be uthålligt och tillämpa kraft på att hitta och göra oss av med den.

I somliga fall når vi en platåfas i vår andliga tillväxt vid en viss tidpunkt. Det beror på ondskan i vår natur. För att få bort ogräset måste vi dra upp det med rötterna, inte bara plocka löven och stjälkarna. På samma sätt kan vi bara få ett andligt hjärta efter att vi inser och gör oss av med ondskan i vår natur. När vi väl blir en andlig person på detta sätt kommer vårt samvete blir sanningen själv, och våra hjärtan enbart fyllas av sanningen. Detta betyder att våra hjärtan blir andliga i sig själv.

Spår av kött

Andliga människor har ingen ondska i sina hjärtan, och eftersom de är fulla av Anden är de alltid lyckliga. Men detta är inte något som är fullständigt. De kommer fortfarande ha "spår av kött". Spåren av köttet har med personligheten och varje persons ursprungliga natur. Det finns till exempel människor som är ärliga och rättfärdiga och rättfram, men de saknar generositet och medkänsla. Andra kan vara fulla av kärlek och älska att dela med sig, men de kan vara för känslosamma eller med sina ord och uppträdande vara råa.

På grund av dessa karaktärsdrag stannar lite spår av kött kvar i deras personlighet och det påverkar dem fortfarande efter att de blivit andliga. Ursprungsfärgen i ett material kan inte till fullo återställas även om vi tvättar materialet grundligt. Dessa spår av kött kan inte anses vara ont, men vi måste göra oss av med dem och bli fullständigt fyllda av Andens nio frukter vilket hjälper oss att bli en hel ande. Man kan säga att ett hjärta som inte har någon osanning alls, som ett välplogat fält, är "ande". När säden sås i en välkultiverad hjärteåker och det bär underbara andliga frukter kan man anse att det hjärtat är ett hjärta med "hel ande".

När kung David gick in i anden tillät Gud en prövning komma emot honom. En dag befallde David Joab att göra en mönstring. Det betyder att de räknade antalet människor som var stridsdugliga. Joab visste att det inte var rätt i Guds ögon, och försökte övertyga David att inte göra det. Men David ville inte lyssna. Det ledde till att Guds vrede kom, och många människor dog av pest.

David var välbekant med Guds vilja, så hur kunde han bli orsak till att något sådant skedde? David hade under en lång tid jagats av kung Saul och utkämpat många strider med hedningarna. Men efter en lång tid, när hans politiska makt hade grundlagts och hans nations makt hade vuxit blev han oaktsam på grund av att han i sitt sinne slappnade av. Nu ville han skryta om det stora antalet stridsdugliga människor i hans land.

Som det står i 2 Mosebok 30:12, *"När du räknar antalet av Israels barn som skall mönstras, skall var och en vid mönstringen ge åt HERREN en lösepenning för sitt liv, för att ingen straffdom skall drabba dem vid mönstringen"*. Gud befallde Israels barn att mönstra in folket efter uttåget, men det var med syftet att organisera dessa människor. Varenda en av dem var tvungna att ge en lösepenning för sig själv till HERREN, och det var till för att påminna dem om att varje individs liv berodde på Guds beskydd, och för att de skulle vara ödmjuka. Att mönstra i sig själv var ingen synd; det kunde göras när det var nödvändigt. Men Gud ville se en ödmjukhet inför Honom genom att man erkände att makten i att ha många stridsdugliga män kom från Gud.

Men David beordrade en mönstring trots att inte Gud hade gjort det. Detta i sig avslöjade att hans hjärta inte till fullo litade på Gud utan på människor, eftersom han menade att på grund av det stora antalet stridsdugliga människor som fanns var hans nation stark. När David insåg sitt fel omvände han sig genast, men han hade redan börjat vandra på de stora prövningarnas väg. Pest kom över hela Israel och 70 000 människor dog omedelbart.

Att så många människor dog var inte bara på grund av Davids arrogans. En kung kunde mönstra in folket när som helst, och hans intention var inte att synda. Från människors synvinkel kan vi därför inte säga att han syndade. Men i den fullkomlige Gudens ögon kunde Han säga att David inte helt och hållet förlitade sig på Gud och att han var arrogant.

Det finns sådant som i människors ögon inte anses vara ont, men som i den fullkomlige Gudens ögon är ont. Det finns "spår av kött" som finns kvar efter att man har helgats. Gud tillät sådana prövningar över Israels land för att David skulle bli mer fullkomlig genom spår av kött försvann från hans liv. Men den grundläggande orsaken till varför pest kom över landet Israel var på grund av människornas synder som hade upptänt Guds vrede. I 2 Samuelsboken 24:1 står det, *"Åter upptändes HERRENS vrede mot Israel, och han uppeggade David mot dem och sade: Gå och räkna Israel och Juda".*

Så under pestens framfart räddades goda människor och de drabbades inte av straffet. De som dog var de som hade begått synder som hade medfört att de inte längre var accepterade av Gud. Men David sörjde så mycket och omvände sig när han såg att människor dog på grund av hans beteende. Men Gud utförde två arbeten genom en enda händelse. Han straffade det syndfulla folket och på samma gång förde en renande prövning över David.

Efter straffet lät Gud David offra ett syndoffer på Araunas tröskplats. David gjorde det Gud sade åt honom att göra. Han tog den platsen och började förbereda för templet att byggas, så vi kan se att han fick tillbaka nåd från Gud. Genom denna prövning, ödmjukade David sig än mer, och det var ett steg för honom att gå in i hel ande.

Bevis på att man är i hel ande

Om vi uppnår nivån av hel ande kommer det finnas bevis på det, vilket betyder att vi kommer bära överflödande mängd av Andens frukter. Men det betyder inte att vi inte kommer bära frukt till dess att vi når nivån av hel ande. Andliga människor befinner sig i en process av att bära frukter som andlig kärlek, ljuset, den Helige Andes nio frukter, och saligprisningarna. Eftersom detta fortfarande är en process uppbär de inte dessa frukter helt och hållet ännu. Varje andlig människa befinner sig på olika nivåer av att bära andliga frukter.

Om man till exempel lyder Guds befallning som säger åt oss att "hålla" och "göra oss av med" vissa saker, kommer man inte, oavsett situation, känna hat eller några negativa känslor. Men det är en skillnad i hur mycket frukt man bär mellan olika andliga människor när det gäller Guds befallning som säger åt oss att "göra" vissa saker. Gud säger till exempel åt oss att "älska". Det finns en nivå där du helt enkelt inte hatar andra medan det finns en annan nivå där du kan röra vid andras hjärtan genom aktiv tjänst. Det finns också en nivå där du till och med kan ge ditt liv för andra. När sådana slags gärningar inte förändras i dig och är fullständiga, då kan man säga att du har kultiverat en hel ande.

Det finns också skillnader mellan personer när det gäller

måttet av att bära den Helige Andes frukter. När det gäller andliga människor kan man bära en särskild frukt upp till 50 % av fruktens fulla mått och en annan frukt upp till 70 %. Man kanske överflödar i kärlek men saknar självkontroll, eller är väldigt trofast, men saknar mildhet.

Men människor med hel ande bär varje frukt från den Helige Ande i sitt fulla mått. Den Helige Ande rör sig och kontrollerar deras hjärta till 100 %, så allt fungerar i harmoni och de saknar ingenting. De har en brinnande passion för Herren medan de har en fullkomlig självkontroll så att de uppför sig korrekt i varje given situation.

De är milda och mjuka som bomull, och ändå har de digniteten och auktoriteten som ett lejon. De har kärlek till att söka andras bästa i allt, till den grad att de ger sina liv för andra, men de är inte partiska. De lyder Guds rättvisa. Även om Gud befaller dem att göra något som i mänsklig kapacitet är omöjligt, lyder de med "Ja" och "Amen".

På utsidan kan lydnadshandlingarna från både andliga människor och människor med hel ande verka likadana, men de är egentligen väldigt olika. Andliga människor lyder för att de älskar Gud medan människor med hel ande lyder eftersom de förstår Guds djupa hjärta och orsaken till varför Gud vill detta. Människor med hel ande har blivit Guds sanna barn som har Hans hjärta, och de har nått ett fullt mått av Kristus i varje aspekt. De eftersträvar helgelse i allt, och är i frid med alla människor och är betrodda i hela Guds hus.

I 1 Tessalonikerbrevet 4:3 står det, *"Detta är Guds vilja: att ni helgas, att ni avhåller er från otukt"* och i 1 Tessalonikerbrevet 5:23 står det: *"Må fridens Gud själv helga er helt och fullt, och må er ande, själ och kropp bevaras hela, så att ni är utan fläck vid vår Herre Jesu Kristi ankomst".*

Herren Jesu Kristi ankomst innebär att Han kommer för att hämta sina barn innan den sjuåriga vedermödan. Det betyder att vi måste uppnå nivån av hel ande och fullständigt bevara oss själva för att kunna möta Herren innan det sker. När vi väl uppnått hel ande, kommer vår själ och kropp tillhöra anden och eftersom vi är fläckfria kommer vi att kunna ta emot Herren.

Välsignelser som ges till andliga människor och människor med hel ande

För andliga människor kommer deras själ ha framgång så att det står väl till med dem och de är friska (3 Johannes brev 1:2). De har till och med gjort sig av med all ondska djupt ner i sina hjärtan, så de är i ordets rätta bemärkelse Guds heliga barn. Därför kan de njuta av den andliga auktoriteten som följer Ljusets barn.

För det första, de är friska och de får inte någon sjukdom. När vi väl går in i anden beskyddar Gud oss från sjukdomar och olyckor och vi kan njuta av ett hälsosamt liv. Även om vi blir gamla kommer vi inte att åldras eller bli svaga, och vi kommer inte få fler rynkor. Om vi dessutom går in i hel ande kommer till och med rynkor att slätas ut. Man kommer att föryngras och återfå sin styrka.

När Abraham klarade av prövningen att offra Isak gick han in i hel ande; han blev far till barn även efter att han fyllt 140 år. Det betyder att han blev ung på nytt. Mose var mer ödmjuk och mildare än någon annan på jordens yta, så han arbetade kraftfullt i 40 år efter att han tagit emot kallelsen från Gud vid en ålder av 80 år. Till och med när han var 120 år gammal står det, *"hans ögon var inte skumma, hans livskraft inte försvunnen"* (5 Mosebok 34:7).

För det andra, andliga människor har ingen ondska i sina hjärtan, så fienden djävulen och Satan kan inte komma över dem med några prövningar eller tester. 1 Johannes brev 5:18 säger, *"Vi vet att ingen som är född av Gud syndar. Han som är född av Gud bevarar honom, så att den onde inte kan röra honom"*. Fienden djävulen och Satan anklagar köttsliga människor och kommer med tester och prövningar över dem.

I början var Job i ett tillstånd där han inte hade gjort sig av med all ondska i sin natur, så när Satan anklagade honom inför Gud, tillät Gud prövningarna att äga rum. Job insåg sin ondska och omvände sig medan han gick igenom dessa prövningar orsakade av Satans anklagelser. Men efter att han hade gjort sig av med till och med det onda i hans natur och gick in i anden, kunde Satan inte längre anklaga Job. Därför välsignade Gud Job med en dubbel del mot vad han tidigare hade haft.

För det tredje, andliga människor kan tydligt höra och ta emot den Helige Andes ledning, därför leds de in på en väg med framgång i allt. Andliga människors hjärtan har förvandlats till sanning, och de lever verkligen ut Guds Ord. Allt de gör sker i enlighet med sanningen. De tar emot tydliga uppmaningar från den Helige Ande och lyder. Och om de ber att något ska ske, kommer de hålla ut med oföränderlig tro tills deras böner blir besvarade.

Om vi lyder på det här sättet hela tiden, kommer Gud att leda oss och ge oss visdom och förstånd. Om vi lämnar allt helt och hållet i Guds händer kommer Han beskydda oss även om vi av misstag går in på en väg som inte är i enlighet med Hans vilja; även om det finns en fälla för oss längre fram kommer Han få oss att gå runt, eller att allt samverkar till det bästa för oss.

För det fjärde, andliga människor tar raskt emot svar på allt de ber om; de kan till och med ta emot svar bara genom att tänka på något i sitt hjärta. 1 Johannes brev 3:21-22 säger, *"Mina älskade, om hjärtat inte anklagar oss är vi frimodiga inför Gud, och vad vi än ber om, det får vi av honom, ty vi håller hans bud och gör det som gläder honom"*. Denna välsignelse kommer över dem.

Även de som inte har några särskilda förmågor eller kunskap kan inte bara ta emot andliga välsignelser utan också materiella välsignelser i överflöd om de bara går in i anden, eftersom Gud kommer att förbereda allt för dem och leda dem.

När vi sår och ber i tro, kommer vi ta emot välsignelsen som är packad, skakad och rågad (Lukas 6:38), men när vi väl går in i anden kommer vi skörda 30-falt, och efter att vi uppnått hel ande kommer vi skörda 60-eller 100-falt mer. Andliga människor och människor med hel ande kan ta emot något genom att bara tänka på det i sitt hjärta.

Välsignelserna som ges till människor med hel ande kan inte beskrivas på ett adekvat sätt. De har sin glädje i Gud så Gud har sin glädje i dem, och som det står i Psaltaren 37:4, *"Ha din glädje i HERREN, han skall ge dig vad ditt hjärta begär"* kommer Gud från sig själv ge dem allt vad de behöver, oavsett om det är pengar, berömmelse, makt eller hälsa.

Sådana människor kommer inte uppleva att de saknar något i det personliga livet, och de kommer inte heller behöva be om något för det personliga livet. De kommer därför alltid be om Guds rike och rättfärdighet och för själar som inte känner Gud. Deras böner är underbara och en ljuvlig doft inför Gud eftersom deras böner är goda och fria från ondska och är för själarna. Därför har Gud sin glädje i dem.

När dessa som har uppnått hel ande älskar själar och fortsätter att be böner uthålligt kommer de också manifestera oerhörd kraft, liksom i Apostlagärningarna 1:8, *"Men när den helige Ande kommer över er, skall ni få kraft och bli mina vittnen i Jerusalem och i hela Judeen och Samarien och ända till jordens yttersta gräns".* Som det redan förklarats, älskar andliga människor och människor med hel ande Gud till den yttersta graden och behagar Gud, och de tar emot alla välsignelser som utlovats i Bibeln.

Kapitel 2
Guds ursprungliga plan

Gud ville inte att Adam skulle leva för evigt utan att känna till sann lycka, glädje, tacksamhet och kärlek.
På grund av detta placerade Han trädet med kunskap om gott och ont så att Adam till slut kunde få uppleva allt köttsligt.

- Varför skapade inte Gud människan som ande?

- Betydelsen av den fria vilja och att bevara Guds Ord

- Syftet med att skapa människor

- Gud vill få ära från sanna barn

Mänsklig kultivering är en process då köttsliga människor förändras till andliga. Om vi inte förstår detta faktum och bara går till kyrkan, finns det ingen mening med det. Det finns många människor som går till kyrkan utan att ha blivit födda på nytt av den Helige Ande, och därför känner de sig inte säkra på frälsningen. Syftet med att leva ett liv i den kristna tron är inte bara att ta emot frälsning, utan också att återfå Guds avbild och dela vår kärlek med Gud och ge Honom äran för evigt som Hans sanna barn.

Vad är Guds ursprungliga plan med att skapa Adam som en levande ande och utföra kultiveringen av människan på denna jord? 1 Mosebok 2:7-8 säger, *"Och HERREN Gud formade människan av stoft från jorden och blåste in livsande i hennes näsa. Så blev människan en levande varelse. HERREN Gud planterade en lustgård i Eden, österut, och satte där människan som han hade format".*

Gud skapade himlarna och jorden framför allt genom sitt Ord. Men när det gällde människan, skapade Han henne med sina egna händer. Även den himmelska hären och änglarna i himlen blev alla skapade som andar. Men trots att det från början var tänkt att människan till slut skulle bo i himlen var det inte så hon blev skapad. Vad är orsaken till att Gud utförde en så komplicerad process att skapa människan från jordens stoft? Varför kunde Han inte bara gjort dem som andar direkt? Häri ligger Guds speciella plan.

Varför skapade Gud inte människan som ande?

Om Gud inte hade skapat människan från jordens stoft utan direkt som ande, skulle människan inte kunna uppleva någonting från köttet. Om hon bara hade blivit skapad som ande, skulle hon ha lytt Guds Ord och skulle aldrig ha ätit från trädet med kunskap om gott och ont. Jordens egenskaper kan förändras beroende på vad du tillsätter jorden. Orsaken till att Adam kunde korrumperas trots att han befann sig i en andlig värld, var för att han blivit skapad från jordens stoft. Men det betyder inte att han var korrumperad från början.

Edens lustgård var en andlig värld fylld av Guds energi och därför var det omöjligt för Satan att plantera köttsliga karaktärsdrag i Adams hjärta. Men eftersom Gud gav Adam fri vilja, kunde han acceptera kött om han hade längtan och viljan att göra det. Trots att han var en levande ande kunde kött komma in i honom om han med fri vilja accepterade det. Efter att en lång tid hade gått öppnade han sitt hjärta för Satans frestelse och accepterade kött.

Orsaken till att Gud faktiskt gav människan fri vilja var på grund av den mänskliga kultiveringen. Hade Gud inte gett den fria viljan till Adam skulle Adam inte ha accepterat något köttsligt alls. Det betyder också att den mänskliga kultiveringen inte heller skulle ha ägt rum. I Guds omsorg för mänskligheten, var kultiveringen av människan tvungen att ske, och eftersom Han är Allvetande, skapade Han inte Adam som en andlig varelse.

Betydelsen av den fria viljan och att bevara Guds Ord

1 Mosebok 2:17 beskriver, *"men av trädet med kunskap om gott och ont skall du inte äta, ty den dag du äter av det skall du döden dö"*. Som det tidigare har beskrivits fanns det en djup, omsorgsfull plan från Gud i det att Han skapade Adam från jordens stoft och gav honom en fri vilja. Det var på grund av den mänskliga kultiveringen. Människor blir Guds sanna barn endast när de gått igenom processen av mänsklig kultivering.

En av orsakerna till att synd kom in i Adam var på grund av att han hade en fri vilja, men den andra orsaken är för att han inte bevarade Guds Ord i sitt sinne. För att bevara Guds Ord måste man gravera in Hans Ord i sitt hjärta och praktisera det utan att ändra sig.

Somliga gör samma misstag om och om igen medan andra inte upprepar samma misstag två gånger. Det beror på hur man bevarar eller inte bevarar något i sinnet. Synd kom in i Adam eftersom han inte förstod betydelsen av att bevara Guds Ord i sitt sinne. Å andra sidan kan vi återfå det andliga tillståndet genom att bevara Guds Ord i våra tankar och lyda det. Det är varför det är så viktigt att bevara Guds Ord i vårt sinne.

När de, vars ande har dött på grund av arvssynden, accepterar Jesus Kristus och tar emot den Helige Ande, blir deras ande uppväckt. Från denna stund och vidare, när de bevarar Guds Ord i sitt sinne och praktiserar det i sina liv, kommer de kunna föda ande genom Anden. De kommer snabbt kunna växa andligt. Att därför bevara Guds Ord och oförändrat praktisera det spelar en väldigt viktig roll i att återhämta anden.

Syftet med att skapa människor

Det finns många andliga varelser i himlen, som till exempel änglarna som lyder Gud hela tiden. Men förutom i några särskilda fall, har de ingen mänsklig natur. De har inte den fria viljan med vilken de kan välja att dela med sig av sin kärlek. Det var därför som Gud skapade den första människan, Adam, som en varelse med vilken Han kunde dela sin sanna kärlek med.

Tänk dig bara för en stund hur lycklig Gud var när Han skapade den första människan Adam. När Han formade Adams läppar ville Han att de skulle prisa Gud; när Han gjorde öronen var det för att Han ville att han skulle lyssna till Guds röst och lyda den; när Han gjorde hans ögon var det för att Han ville att han skulle se och känna varje tings skönhet som Han hade skapat och för att ge äran till Gud.

Syftet med att Gud skapade människor var för att ta emot lovsång och ära genom dem och dela sin kärlek med dem. Han ville ha barn genom vilka Han kunde dela allt det underbara i universum och i himlen. Han ville njuta av lycka med dem för evigt.

I Uppenbarelseboken ser vi Guds frälsta barn som prisar och tillber inför Guds tron för evigt. När de kommer till himlen kommer det vara så underbart och vackert att de inte kan annat än att lovsjunga och tillbe Gud från djupet av sina hjärtan på grund av den omsorgsfulla plan som Gud har, så djup och hemlighetsfull.

Människor skapades som en levande ande men blev köttsliga. Men, om de blir andliga människor igen efter att ha upplevt all slags glädje, ilska, kärlek och sorg, då kan de bli Guds sanna barn som ger kärlek, tacksamhet och ära till Gud från djupet av sina hjärtan.

När Adam bodde i Edens lustgård, kunde han inte anses vara ett sant Guds barn. Gud lärde honom bara godhet och sanning och därför visste han inte var synd och ondska var. Han hade ingen aning om vad olycka och smärtor var. Edens lustgård är en andlig plats, och det finns inget som förgår där och inte heller någon död.

På grund av detta visste inte Adam vad det betydde att dö. Trots att han levde i överflöd och rikedom kunde han egentligen inte uppleva sann glädje eller lycka. Han visste inte vad hat var, så därför visste han inte heller vad sann kärlek var. Gud ville inte att Adam skulle leva för evigt utan att känna till sann lycka, glädje, tacksamhet och kärlek. Det var därför Han placerade trädet med kunskap om gott och ont i Edens lustgård, så att Adam så småningom skulle uppleva vad kött var.

När de som har upplevt den köttsliga världen blir Guds barn igen, kommer de säkerligen att förstå hur god anden är och hur dyrbar sanningen är. De kan nu ge äkta tacksamhet till Gud för att Han gav dem evigt liv som gåva. När vi väl förstår Guds hjärta på detta sätt kommer vi inte ifrågasätta varför Gud gjorde trädet med kunskap om gott och ont som ledde till att människor fick lida. Istället visar vi tacksamhet och ger ära till Gud för att Han gav oss sin enfödde Son Jesus för att frälsa mänskligheten.

Gud vill få ära från sanna barn

Gud kultiverar inte bara mänskligheten för att få sanna barn utan också för att ta emot ära genom dem. Jesaja 43:7 säger, *"var och en som är uppkallad efter mitt namn, och som jag har skapat till min ära, som jag har formet och gjort"*. Också i 1 Korinterbrevet 10:31 står det, *"Om ni äter eller dricker eller vad ni än gör, så gör allt till Guds ära"*.

Gud är en kärlekens Gud och rättvisans Gud. Han har inte bara förberett himlen och evigt liv för oss utan har också gett oss sin enfödde Son för att frälsa oss. Detta enbart är nog att ge Gud äran för. Men det Gud verkligen vill är inte bara att ta emot ära. Den största orsaken till varför Gud vill ta emot ära är för att ge ära tillbaka till människor som ger äran till Honom. Johannes 13:32 säger, *"Är nu Gud förhärligad i honom, skall Gud också förhärliga honom i sig själv, och han skall snart förhärliga honom".*

När Gud får äran genom oss ger Han oss överflödande välsignelser på denna jord, och Han ger oss evig härlighet i de himmelska rikena också. 1 Korinterbrevet 15:41 säger, *"Solen har sin glans, månen en annan och stjärnorna ännu en annan. Den ena stjärnan skiljer sig från den andra i glans".*

Det berättar för oss att det finns olika boplatser och olika härligheter som varenda en av oss som är frälsta kommer att njuta av i himmelriket. De himmelska boplatserna och den ära som ges beror på hur mycket vi gör oss av med synder och har rena, heliga hjärtan, och hur trofast vi tjänar Guds rike. När boplatserna väl har getts kan de inte tas tillbaka.

Gud skapade människan för att få sanna barn som tillhör anden. Guds ursprungliga plan för människan var att de med sin fria vilja skulle göra sig av med kött och själ som tillhör osanningen och förändras till andliga människor och människor med hel ande. Denna ursprungsplan som Gud hade när Han skapade och kultiverade människan kommer att bli uppfylld genom de som blir andliga människor och människor med hel ande.

Hur många människor tror du lever sina liv idag efter det syftet Gud hade när Han skapade människan? Om vi verkligen förstår orsaken till varför Gud skapade människan, skulle vi definitivt återfå den förlorade avbilden till Gud som gick förlorad på grund av Adams synd. Vi skulle enbart se, höra, och tala det som var inom sanningens gränser, och alla våra tankar och gärningar skulle vara heliga och fullkomliga. Det är sättet att bli Guds sanna barn som ger större glädje till Gud än vad Gud hade när Han skapade den första människan Adam. Sådana sanna Guds barn kommer få njuta av en härlighet i himlen som inte ens kan jämföras med den härlighet som den levande anden, Adam, hade i Edens lustgård!

Kapitel 3
Sann människa

Gud skapade människan efter sin egen avbild.
Guds innerliga vilja är att vi ska återfå den förlorade avbilden till Gud och få del av gudomlig natur.

- Människans absoluta skyldighet

- Gud vandrade med Hanok

- Abraham, Guds vän

- Mose älskade sitt folk mer än sitt eget liv

- Aposteln Paulus verkade vara som Gud

- Han kallade dem gudar

Om vi praktiserar Guds Ord, kan vi återfå det andliga hjärtat som är fyllt med sanningens kunskap, likt det Adam hade när han var en levande ande innan han syndade. Människans fulla uppdrag som människor är att återfå Guds avbild som gick förlorad på grund av Adams synd samt att få del av gudomlig natur. I Bibeln kan vi se att de som tog emot Guds Ord och predikade det, som talade om Guds hemlighetsfulla ting, och som manifesterade Guds kraft för att visa den levande Guden, ansågs så ädla att till och med kungar kunde böja sig för dem. Det var på grund av att de var sanna barn till Gud den allra Högste (Psaltaren 82:6).

Kung Nebukadnessar i Babylon hade en natt en dröm och blev orolig. Han kallade till sig alla magiker och kaldéer och sa till dem att de skulle tala om för honom vad han hade drömt och ge honom uttydningen, men han talade inte om för dem vad han hade drömt. Det var inte möjligt med någon mänsklig kraft utan endast genom Gud som inte bor i en människas kropp.

Daniel, som var en gudsman, bad kungen om mer tid för att kunna ge honom uttydningen på drömmen. Gud visade

Daniel hemliga ting under natten i en vision. Daniel gick inför kungen och berättade drömmen för honom och gav honom uttydningen. Då föll kung Nebukadnessar ner på sitt ansikte och gav vördnad till Daniel, och befallde att de andra närvarande skulle ge honom ett offer och dyrbar rökelse, och han gav också äran till Gud.

Människans absoluta skyldighet

Kung Salomo levde i mer lyx och rikedom än någon annan. Baserat på den enade riket som hans fader David hade byggt upp, växte hans nations makt och styrka och många grannländer kom med gåvor och skatter till honom. Kungariket nådde sin höjdpunkt i rikedom under hans regeringstid (1 Kungaboken 10).

Men allt eftersom tiden gick, glömde han bort Guds nåd. Han tänkte att allt hade gjorts genom hans egen styrka. Han ignorerade Guds Ord och överträdde Guds befallning som förbjöd äktenskap med kvinnor med hedniskt ursprung. Han tog många hedniska kvinnor till bihustrur under sina sista dagar. Han lät också resa offerplatser på höjder som de hedniska kvinnorna ville ha, och tillbad även själv avgudarna.

Gud varnade honom två gånger att inte följa främmande gudar men Salomo lydde inte. Slutligen kom Guds vrede över dem i nästa generation och Israel delades i två riken. Han kunde få vad han ville, men i slutet av sitt liv bekände han, *"Förgänglighet och åter förgänglighet! säger Predikaren.*

Förgänglighet och åter förgänglighet! Allt är förgängligt" (Predikaren 1:2).

Han insåg att allt i denna värld var meningslöst och sammanfattade det så här, *"Detta är min slutsats: ha respekt för Gud och lyd hans befallningar, för det är människans absoluta skyldighet"* (Predikaren 12:13, Levande Bibeln). Han sade att människans absoluta skyldighet är att frukta Gud [Svenska Folkbibeln: "ha respekt för Gud"] och lyd hans befallningar.

Vad betyder detta? Att frukta Gud är att hata det onda (Ordspråksboken 8:13). Det är tänkt att de som älskar Gud ska göra sig av med ondska och hålla Hans befallningar, och på det sättet uppfyller man människans absoluta skyldighet. Man kan säga att vi är hela människor nr vi kultiverar och odlar fram Herrens hjärta för att återfå Guds avbild. Låt oss nu djupdyka i några exempel, några patriarker och människor med sann tro som behagade Gud.

Gud vandrade med Hanok

Gud vandrade under tre hundra år med Hanok och hämtade honom till sig levande. Syndens lön är döden, och det faktum att Hanok hämtades upp till himlen utan att möta döden är ett bevis på att Gud såg honom som syndfri. Han kultiverade ett rent och fläckfritt hjärta som liknade Guds. Det var därför som Satan inte kunde anklaga honom för något när han hämtades levande.

I 1 Mosebok 5:21-24 står det följande, *"När Hanok var 65 år blev han far till Metusela. Och sedan Hanok hade fått*

Metusela vandrade han med Gud i 300 år och fick söner och döttrar. Hanoks hela ålder blev alltså 365 år. Sedan Hanok på detta sätt hade vandrat med Gud fanns han inte mer, ty Gud hämtade honom".

Att "vandra med Gud" betyder att Gud är med den personen hela tiden. Hanok levde efter Guds vilja under tre hundra år. Gud var med honom var han än gick.

Gud är Ljus, godhet, och kärleken själv. För att vandra med en sådan Gud får vi inte ha något mörker i våra hjärtan, och vi måste bli fyllda av godhet och kärlek. Hanok levde i en syndfull värld, men han höll sig själv ren. Han gav också ett budskap från Gud till världen. Judas 1:14 säger, *"Om dem har också Hanok i det sjunde släktledet efter Adam profeterat: 'Se, Herren kommer med sina mångtusen heliga'"*. Han lät människor få veta om Herrens andra tillkommelse och om domen.

Bibeln säger inget om Hanoks stora resultat eller att han gjorde något extraordinärt för Gud. Men Gud älskade honom så mycket för att han fruktade Honom och levde ett heligt liv och undanhöll sig från all ondska. Det var därför Gud hämtade honom i "en ung ålder". På den tiden levde människor mer än 900 år och han var 365 när han hämtades. Han var en stark, ung man.

Hebreerbrevet 11:5 skriver, *"Genom tron togs Hanok bort utan att möta döden. Och man fann honom inte mer, ty Gud hade tagit honom till sig. Innan han togs bort, hade han fått det vittnesbördet att han funnit nåd hos Gud"*.

Än idag vill Gud att vi ska leva ett heligt och gudaktigt liv med rena och underbara hjärtan som inte är fläckade av världen så att Han hela tiden kan vandra med oss.

Abraham, Guds vän

Gud ville att mänskligheten skulle få veta vad ett sant Guds barn är genom Abraham, "trons fader". Abraham blev kallad "källan till välsignelse" och "Guds vän". En vän är en person som du kan lita på och berätta dina hemligheter för. Det fanns givetvis tider av rening till dess att Abraham till fullo kunde lita på Gud. Hur blev då Abraham erkänd som Guds vän?

Abraham lydde omedelbart med "Ja" och "Amen". När han fick första kallelsen från Gud att lämna sin hemstad, lydde han utan att veta var han skulle gå. Abraham sökte också andras bästa och eftersträvade frid. Han bodde med sin brorson Lot och när de skildes åt gav han sin brorson rätten att välja landområde först. Som farbror hade han rätt att välja först men han gav upp den rätten.

Abraham sade i 1 Mosebok 13:9, *"Ligger inte hela landet öppet för dig? Skilj dig från mig. Vill du åt vänster så går jag åt höger, och vill du åt höger så går jag åt vänster"*.

Eftersom Abraham hade ett sådant underbart hjärta, gav Gud honom återigen ett löfte om välsignelser. I 1 Mosebok 13:15-16 lovar Gud, *"Hela det land som du ser skall jag ge åt dig och dina efterkommande för evig tid. Och jag skall låta dem bli som stoftet på jorden. Om någon kan räkna stoftet på jorden skall också dina efterkommande kunna räknas".*

En dag kom flera kungar i en enad skara och attackerade Sodom och Gomorra där Abrahams brorson Lot bodde och tog folket till fånga och även gods. Abraham ledde sina män som han hade tränat upp och satte efter dem, ända till Dan. Han förde tillbaka allt gods och även sin släkting Lot och alla hans ägodelar, likväl som alla kvinnor och hela folket.

Då ville kungen i Sodom ge det tillvaratagna till Abraham för att tacka honom, men Abraham sade, *"Jag vill inte ta ens en tråd eller en sandalrem, än mindre något annat som tillhör dig. Du skall inte kunna säga: Jag har gjort Abram rik"* (1 Mosebok 14:23). Det hade inte varit orättfärdigt att ta emot från kungen, men han tackade nej till kungens erbjudande för att bevisa att alla hans materiella välsignelser bara kom från Gud. Han sökte enbart Guds ära med ett rent hjärta som var fritt från själviska önskningar, och Gud välsignade honom i överflöd.

När Gud befallde Abraham att offra sin son Isak som ett brännoffer lydde han omedelbart, för han litade på Gud som kunde föra de döda tillbaka till livet. Till slut gjorde Gud honom till trons fader och sade, *"skall jag rikligen välsigna dig och göra dina efterkommande talrika som stjärnorna på himlen och som sanden på havets strand, och din avkomma skall inta sina fienders portar. I din avkomma skall alla jordens folk bli välsignade, därför att du lyssnade till min röst"* (1 Mosebok 22:17-18). Gud lovade honom också att Guds son,

Jesus, som skulle frälsa mänskligheten, skulle födas genom hans efterkommande.

Johannes 15:13 säger, *"Ingen har större kärlek än att han ger sitt liv för sina vänner"*. Abraham var villig att offra sin ende son Isak, som var mer dyrbar för honom än hans eget liv, och genom det uttryckte han sin kärlek till Gud. Gud gav oss Abraham som ett exemplariskt exempel på mänsklig kultivering genom att kalla honom Guds vän på grund av hans stora tro och kärlek till Gud.

Gud är Allsmäktig och därför kan Han göra allt och Han kan ge oss allt. Men Han ger välsignelser och bönesvar till sina barn efter hur mycket de förändras genom sanningen i den mänskliga kultiveringen, så att de kan känna Guds kärlek och tacksamhet över Hans välsignelser.

Mose älskade sitt folk mer än sitt eget liv

När Mose var prins i Egypten dödade han en egyptier för att hjälpa sitt eget folk och han var tvungen att fly från Faraos palats. Han bodde därefter i 40 år i ödemarken som en herde med sin hjord.

Mose hade en låg status där han tog hand om hjorden i Midjans ödemarker, och han var tvungen att ge upp all sin stolthet och självrättfärdighet som han hade haft då han var prins i Egypten. Gud visade sig för denne ödmjuke Mose och gav honom uppgiften att föra ut Israels barn från Egypten. Mose var tvungen att riskera sitt eget liv, men han lydde och gick inför Farao.

Om vi tänker på hur Israels barn betedde sig kan vi se hur stort hjärta Mose hade när han accepterade och tog till sig hela folket. När folket mötte svårigheter, knotade de mot Mose och försökte till och med att stena honom.
När de inte hade vatten, klagade de över att de var törstiga. När de hade vatten, klagade de över att de inte hade mat. När Gud gav dem manna från ovan, klagade de över att de inte hade kött. De sa att de hade ätit så mycket gott i Egypten, och menade med det att manna var deprimerande mat.
När Gud till slut vände bort sitt ansikte från dem, kom ormar från öknen och bet dem. Men de kunde fortfarande bli frälsta för Gud hörde Moses innerliga bön. Folket hade under en lång tid sett att Gud var med Mose, men de gjorde en kalv av guld och tillbad den så snart Mose var utom synhåll för dem. De blev också bedragna av hedniska kvinnor till att begå äktenskapsbrott, vilket också var ett andligt äktenskapsbrott. Mose bad till Gud under tårar å folkets vägnar. Han erbjöd till och med upp sitt eget liv som utbyte för deras förlåtelse, trots att de inte ens kom ihåg den nåd de hade tagit emot.
I 2 Mosebok 32:31-32 står det,

> *"Mose gick tillbaka till HERREN och sade: 'O, detta folk har begått en stor synd. De har gjort sig en*

gud av guld. Men förlåt dem nu deras synd. Om inte, så utplåna mig ur boken som du skriver i'".

Att utplåna honom ur boken betyder att han inte skulle bli frälst och att han skulle få lida i helvetets eviga eld, vilket är evig död. Mose visste mycket väl vad det innebar, men han ville att folket skulle bli förlåtet, även om det skulle innebära att han offrade sig själv på det här sättet.

Vad tror du Gud kände när han såg denne Mose? Mose förstod Guds hjärta på djupet, det hjärta som hatar synd, men som vill frälsa syndarna, och Gud hade behag till honom och älskade honom väldigt mycket. Gud hörde Mose kärleksbön och Israels barn kunde undkomma förgörelse.

Tänk dig att det på ena sidan finns en diamant. Den är perfekt och stor som en knuten näve. På andra sidan finns det tusentals stenar i liknande storlekar. Vilken skulle vara mer dyrbar? Oavsett hur många stenar det finns där, kommer ingen vilja byta ut dem mot diamanten. På samma sätt är Mose värdefull, en person som uppfyllde syftet med den mänskliga kultiveringen, mer värdefull än miljoner andra som inte gjorde det (2 Mosebok 32:10).

4 Mosebok 12:3 talar om Mose som, *"Mose var en mycket ödmjuk man, mer än någon annan människa på jorden"* och i vers 7 försäkrar Gud honom genom att säga, *"Men så gör jag inte med min tjänare Mose. I hela mitt hus är han betrodd"*.

På många platser i Bibeln talas det om hur mycket Gud

älskade denne Mose. 2 Mosebok 33:11 säger, *"Och HERREN talade med Mose ansikte mot ansikte, som när en man talar med en annan"*. I samma kapitel ser vi också att Mose bad Gud att visa sig själv för honom och Gud svarade på hans bön.

Aposteln Paulus verkar vara som Gud

Aposteln Paulus arbetade för Herren med hela sitt liv och ändå blev han alltid förkrossad när han tänkte på sitt förflutna, eftersom han hade förföljt Herren. Så tacksamt och villigt tog han emot svåra prövningar och sade, *"Ty jag är den ringaste av apostlarna. Jag är inte värd att kallas apostel, eftersom jag har förföljt Guds församling"* (1 Korinterbrevet 15:9).

Han blev fängslad, fick hugg och slag i överflöd och svävade ofta i livsfara. Fem gånger blev han pryglad med 39 gisselslag från judarna. Tre gånger blev han piskad med spö, en gång stenad, tre gånger led han skeppsbrott, och spenderade ett dygn i det djupa vattnet. Han var ute på många resor, utstod fara på floder, bland hedningarna och sina landsmän, i öknen, på havet och fara bland falska bröder; han slet och arbetade hårt, hade många sömnlösa nätter, under hunger och törst, ofta utan mat, frusen och naken.

Hans lidande var så stort att han sade i 1 Korinterbrevet 4:9, *"Det verkar som om Gud hade ställt oss apostlar sist, som vigda åt döden. Vi har blivit ett skådespel för världen, för både änglar och människor"*.

Varför lät Gud denne trogne aposteln Paulus gå igenom så

stor förföljelse och svårigheter? Gud ville att Paulus skulle bli en person med ett underbart hjärta, klarare än kristall. Paulus hade ingen annan att förlita sig på än Gud i skrämmande situationer där han kunde bli arresterad eller dödad vilken sekund som helst. Han fann trygghet och glädje i Gud. Han förnekade sig själv fullständigt och kultiverade fram Herrens hjärta.

Följande uttryck från Paulus berör så mycket eftersom han blev en underbar person genom prövningarna. Han ville inte undvika några svårigheter trots att det var för svårt för någon människa att klara av. Han uttryckte sin kärlek för församlingen och medlemmarna i 2 Korinterbrevet 11:28 med orden, *"Förutom allt detta har jag den dagliga uppgiften, omsorgen om alla församlingarna"*.

Och i Romarbrevet 9:3 när han skrev om hans folk som ville döda honom, *"Jag skulle önska att jag själv vore fördömd och skild från Kristus i mina bröders ställe – mina landsmän efter härstamning"*. Orden "mina bröder – mina landsmän" handlar om judarna och fariséerna som förföljde och hindrade Paulus så oerhört.

Apostlagärningarna 23:12-13 säger, *"När det blev dag gjorde judarna upp en hemlig plan och svor en ed på att varken äta eller dricka, förrän de hade dödat Paulus. Det var mer än fyrtio män som hade sammansvurit sig"*.

Paulus hade aldrig gjort något för att de skulle ha hatiska känslor mot honom personligen. Paulus hade aldrig ljugit mot dem eller skadat dem. Men bara för att han predikade evangeliet och visade upp Guds kraft sammansvärjde denna grupp sig mot honom för att döda honom.

Ändå bad han att dessa människor skulle bli frälsta, även om det betydde att han själv skulle förlora sin egen frälsning. Det är orsaken till att Gud gav honom sådan stor kraft: han kultiverade stor godhet med vilken han kunde offra sitt eget liv för dem som försökte skada honom. Gud lät honom utföra extraordinära kraftgärningar som att driva ut onda andra och sjukdomar lämnade människor bara genom att ett klädesstycke som han hade rört vid lades på de sjuka.

Han kallade dem gudar

Johannes 10:35 säger, *"Om han nu kallar dem som fick Guds ord för gudar – och Skriften kan inte göras om intet –"*. När vi tar emot Guds Ord och praktiserar det, blir vi sanningsenliga människor, andliga människor. Det är så här man efterliknar Gud som är ande: att bli en andlig människa och vidare en människa med hel ande. Och på samma sätt kan vi bli varelser som är som Gud.

2 Mosebok 7:1 säger, *"Men HERREN sade till Mose: 'Se, jag har satt dig att vara som Gud för farao, och din bror Aron skall vara din profet'"*. Även 2 Mosebok 4:16 säger, *"Han skall tala i ditt ställe till folket. Han skall vara som en mun för dig, och du skall vara som Gud för honom"*. Som det står skrivet, Gud överlät så stor kraft till Mose att han var som en Gud inför

människorna.

I Apostlagärningarna 14 reste aposteln Paulus upp en lam man som aldrig hade gått förut, i namnet Jesus Kristus. När han ställde sig upp och gick blev människor så förundrade att de sade, *"Gudarna har stigit ner till oss i mänsklig gestalt"* (Apostlagärningarna 14:11). Precis som i detta exempel kommer de som vandrar med Gud att verka vara Gud eftersom de är andliga människor, trots att de har en fysisk kropp.

Det är därför det beskrivs i 2 Petrusbrevet 1:4, *"Genom dem har han gett oss sina dyrbara och mycket stora löften, för att ni i kraft av dem skall få del av gudomlig natur, sedan ni kommit undan det fördärv som på grund av begäret finns i världen".*

Låt oss inse att det är Guds innerliga vilja att människor får del av gudomlig natur, så att vi kan göra oss av med köttet som går under och som bara mörkrets makter tycker om, samt att föda ande genom Anden, och faktiskt få del av gudomlig natur.

När vi når nivån av hel ande betyder det att vi har återfått anden fullständigt. Att ha återfått anden fullständigt betyder att vi har återfått Guds avbild som gick förlorad på grund av Adams synd, och det betyder att vi har del av Guds gudomliga natur.

När vi väl når denna nivå kan vi ta emot kraften som tillhör Gud. Guds kraft är en gåva som ges till de barn som efterliknar Gud (Psaltaren 62:11). Beviset på att man har Guds kraft är att tecken och under, extraordinära mirakler och fantastiska ting manifesteras genom den Helige Andes gärningar.

Om vi tar emot sådan kraft kan vi leda ett oändligt antal

själar till livets och frälsningens väg. Petrus gjorde många stora gärningar genom den Helige Andes kraft.

Bara genom att predika en gång, blev mer än 5 000 män frälsta. Guds kraft är beviset på att den levande Guden är med en specifik person. Det är också ett säkert sätt att plantera tro i folket.

Människor tror inte om de inte ser tecken och under (Johannes 4:48). Därför manifesterar Gud sin kraft genom människor med hel ande som har återfått anden fullständigt så att människor kan tro på den levande Guden, Frälsaren Jesus Kristus, att himlen och helvetet existerar och att Bibeln är sann.

Kapitel 4
Den andliga världen

Bibeln talar ofta om den andliga världen och människors upplevelser av den. Det är också till den andliga världen vi ska gå efter livet på denna jord.

- Aposteln Paulus kände till den andliga världens hemligheter

- Den obegränsade andliga världen porträtteras i Bibeln

- Himlen och Helvetet existerar verkligen

- Livet efter döden för själar som inte är frälsta

- Liksom solen och månen skiljer sig i glans

- Himlen kan inte jämföras med Edens lustgård

- Nya Jerusalem, den bästa gåvan till de sanna barnen

När människor som har återfått den förlorade avbilden till Gud avslutar sina jordeliv återvänder de tillbaka till den andliga världen. Till skillnad från vår fysiska värld är den andliga världen obegränsad. Det går inte att mäta dess höjd, djup eller bredd.

Denna oändliga värld kan delas upp i ljusets område som tillhör Gud och mörkrets område som är till för de onda andarna. I ljusets område finns de himmelska kungadömena förberedda för Guds barn som blivit frälsta av tro. Hebreerbrevet 11:1 säger, *"Tron är en övertygelse om det man hoppas, en visshet om det man inte ser"*. Som tidigare har nämnts är den andliga världen en värld som inte kan ses. Men precis som att vinden i den fysiska världen är verklig trots att det inte finns konkreta bevis på det, kan man genom tro hoppas på något som man i den fysiska världen inte kan hoppas på, men som det ändå finns tydliga tecken på att det finns.

Tro är den port som förbinder oss med den andliga världen. Det är sättet för oss som lever i denna fysiska värld att möta Gud som är i den andliga världen. Med tro kan vi kommunicera med

Gud som är ande. Vi kan höra och förstå Guds Ord med våra andliga öron öppna, och med våra andliga ögon öppnade kan vi se den andliga världen som inte kan ses med fysiska ögon.

När vår tro växer, kommer vi ha större och större hopp om Himmelriket och förstå Guds hjärta på ett djupare sätt. När vi inser vilket kärlek Han har och upplever den kan vi inte hjälpa att själva älska Honom. När vi också får fullkomlig tro kommer det som fungerar i den andliga världen att fungera i den fysiska världen, trots att det är absolut omöjligt för den fysiska världen, för att Gud är med oss.

Aposteln Palus kände till den andliga världens hemligheter

I 2 Korinterbrevet 12:1 och vidare förklarar Paulus sin erfarenhet av den andliga världen genom att säga, *"Jag måste berömma mig, om än till ingen nytta, och jag kommer då till syner och uppenbarelser från Herren"*. Det handlade om då han upplevde Paradiset i Himmelriket i den tredje himlen.

I 2 Korinterbrevet 12:6 säger han, *"Om jag ville berömma mig skulle jag ändå inte vara en dåre, jag skulle ju bara säga sanningen. Men jag avstår, för att ingen skall tänka högre om mig än man gör, när man ser och hör mig"*. Aposteln Paulus hade många andliga erfarenheter och tog emot uppenbarelser från Gud, men han kunde inte tala om allt han hade fått veta om den andliga världen.

I Johannes 3:12 sade Jesus, *"Om ni inte tror när jag talar till er om det som hör jorden till, hur skall ni då kunna tro, när jag talar till er om det som hör himlen till?"* Inte ens efter att Jesu lärjungar hade sett så många kraftfulla gärningar med sina egna ögon kunde de helt och hållet tro på Honom. De fick sann tro efter att de hade sett Herrens uppståndelse. Efter det överlät de sina liv till Guds rike och att sprida evangeliet. På samma sätt fick aposteln Paulus lära känna den andliga världen mycket väl och han fullgjorde sin uppgift med hela sitt liv.

Finns det inget sätt som vi kan uppleva och förstå den hemlighetsfulla andliga världen som Paulus gjorde? Visst finns det ett sätt. Först och främst behöver vi längta efter den andliga världen. Genom att ha en uppriktig längtan efter den andliga världen bevisar det att vi erkänner och älskar Gud som är ande.

Den obegränsade andliga världen som porträtteras i Bibeln

Vi finner många berättelser om den andliga världen och andliga erfarenheter i Bibeln. Adam skapades som en levande varelse, vilket var en levande ande, och han kunde kommunicera med Gud. Även efter honom kom många profeter som kommunicerade med Gud och ibland till och med hörde Guds hörbara röst (1 Mosebok 5:22, 9:9-13; 2 Mosebok 20:1-17; 4 Mosebok 12:8). Ibland uppenbarade änglar sig för människor för att ge dem ett budskap från Gud. Det står också om de fyra levande varelserna (Hesekiel 1:4-14), om keruber (2 Samuelsboken 6:2; Hesekiel 10:1-6), och om hästar och vagnar av eld (2 Kungaboken 2:11, 6:17), som hör till den andliga världen.

Röda Havet delades i två delar. Vatten kom ut från klippan genom gudsmannen Mose. Solen och månen stod stilla genom Josuas bön. Elia bad till Gud och nedkallade eld från himlen. Efter att han var färdig med sina uppgifter på jorden togs Elia upp till himlen i en virvelvind. Dessa är några exempel på händelser där den andliga världen uppenbarades denna fysiska.

I 1 Kungaboken 6 står det också om när Arams armé var på väg att tillfångata Elisa och hur Elisas tjänare Gehasis andliga ögon öppnades så han fick se en stor här av hästar och vagnar som omringade Elisa för att beskydda honom. Daniel kastades i lejongropen för att hans ministerkollegor hade sammansvurit sig mot honom, men han skadades inte alls eftersom Gud sände sin ängel för att stänga till lejons gap. Daniels tre vänner var olydiga mot kungen för att kunna bevara sin tro och de kastades in i den brinnande ugnen som var sju gånger hetare än normalt. Men inte ens ett hår på deras huvuden sveddes.

Jesus, Guds Son, tog en mänsklig kropp när Han kom ner till denna jord, men Han manifesterade sådant som hör till den obegränsade andliga världen, och hindrades inte av begränsningarna i den fysiska världen. Han uppväckte döda, botade många slags sjukdomar och gick på vattnet. Efter Hans uppståndelse visade Han sig plötsligt för två av sina lärjungar på deras väg till Emmaus (Lukas 24:13-16) och Han gick rakt igenom väggen på huset och visade sig för de lärjungar som av rädsla för judarna hade låst in sig själva i huset (Johannes 20:19).

Detta är i själva verket teleportering, att gå bortom den fysiska världen. Det säger oss att den andliga världen spränger begränsningarna som finns i tid och rum. Det finns en andlig värld som är annorlunda än den fysiska världen som är synlig för våra ögon, och Jesus flyttade sig i andevärlden för att kunna uppenbara sig på en specifik plats och vid en tidpunkt Han ville.

De av Guds barn som har ett medborgarskap i himlen måste längta efter andliga ting. Gud låter människor som har denna längtan att uppleva den andliga världen, som Han sade i Jeremia 29:13, *"Ni skall söka mig, och ni skall också finna mig om ni söker mig av hela ert hjärta"*.

Vi kan gå in i anden och Gud kan öppna våra andliga ögon när vi gör oss av med vår självrättfärdighet, självuppfattning och självcentrerade ramverk och istället se till att vi har en längtan.

Aposteln Johannes var en av Jesu tolv lärjungar (Uppenbarelseboken 1:1, 9). År 95 e Kr blev han arresterad av Domitianus, kejsaren av Rom, och blev kastad i en gryta med kokande olja. Men han dog inte så han sändes i exil till ön Patmos i Egeiska havet. Där skrev han Uppenbarelseboken.

För att Johannes skulle kunna ta emot de djupa uppenbarelserna var han tvungen att vara kvalificerad för det. Kvalifikationerna var att han skulle vara helig, inte ha någon form av ondska och ha Herrens hjärta. Han kunde få djupa hemligheter och uppenbarelser från himlen genom den Helige Andes inspiration genom ihärdiga böner som gavs från ett fullständigt rent och heligt hjärta.

Himlen och Helvetet existerar verkligen

Himlen och helvetet finns i den andliga världen. Strax efter att jag hade startat Manminförsamlingen visade Gud mig Himlen och Helvetet i min bön. Skönheten och lyckan som kändes i himlen kan inte uttryckas eller förmedlas med ord.

På Nya Testamentets tid tar de som accepterar Jesus Kristus som deras personlige Frälsare emot förlåtelse för sina synder och får frälsning. När deras jordeliv är över hamnar de först i Övre graven. Där kommer de vara i tre dagar för att acklimatiseras till den andliga världen för att sedan flyttas över till väntplatsen i Paradiset i Himmelriket. Trons fader Abraham, tog hand om Övre graven tills Herren hade uppstigit till Himlen och det är därför det står att den fattige mannen Lasarus kom till Abrahams sköte.

Jesus predikade evangeliet för själarna i Övre graven efter att Han hade tagit sitt sista andetag på korset (1 Petrusbrevet 3:19). Efter att Jesus predikat evangeliet i Övre graven uppstod Han och förde alla själarna där till Paradiset. Sedan dess väntar dessa själar som är frälsta på en plats i himlen som ligger i utkanten av Paradiset. Efter att domen vid den vita tronen är avklarad kommer de att få flytta till sina respektive himmelska boplatser i enlighet med det mått av tro som var och en har och sedan leva där för evigt.

På domens dag vid den stora vita tronen, som kommer att hållas efter att den mänskliga kultiveringen är över, kommer Gud att döma allas handlingar som har fötts sedan skapelsen, oavsett goda eller onda handlingar. Det kallas för "domen vid den stora vita tronen" eftersom Guds domarsäte kommer vara så ljus och strålande att den verkar vara fullständigt vit (Uppenbarelseboken 20:11).

Denna stora dom kommer att hållas efter Herrens andra återkomst på skyarna och till Jorden, och efter att Tusenårsriket är över. För de själar som blir frälsta kommer det bli en dom till belöning och för dem som inte är det, en dom till straff.

Livet efter döden för de själar som inte är frälsta

De som inte har accepterat Herren och de som har bekänt sin tro på Honom men inte har blivit frälsta kommer tas med två budbärare till Helvetet efter sin död. De kommer att vara på en plats som är som en stor grop under tre dagar för att bli redo att bo i Nedre graven. Fruktansvärd pina är det enda som väntar dem. Efter de tre dagarna kommer de flyttas till Nedre graven där de kommer få sina straff beroende på de synder de har begått. Nedre graven som hör till Helvetet är lika vidsträckt som Himlen, och det finns många olika platser där själarna som inte är frälsta kommer att vara.

Innan domen vid den stora vita tronen äger rum, förblir själarna i Nedre graven och blir utsatta för olika slags straff.

Dessa straff kan vara att bli riven av insekter och djur eller att bli torterad av Helvetets budbärare. Efter domen vid den stora vita tronen, kommer de antingen att hamna i sjön med brinnande eld eller svavel (också kallad sjön som brinner av svavel) och bli straffade för evigt (Uppenbarelseboken 21:8).

Straffet i eldssjön eller i svavelsjön är oerhört mycket smärtsammare än straffen i Nedre graven, de kan inte ens jämföras. Den är till för människor som har begått synder som inte kan förlåtas som att till exempel häda och stå emot den Helige Ande.

En gång visade Gud mig eldssjön och svavelsjön. Platserna är ändlös stora och fyllda med någon slags ånga som stiger upp från heta källor, och man kunde urskilja människorna där. Några syntes från midjan och uppåt, och andra var så djupt ner i sjön att bara huvudet syntes. Själarna i eldssjön skrek och vred och vrängde sig, men i svavelsjön var smärtan så stor att de inte ens kunde vrida och vränga sig. Vi behöver tro att denna osynliga värld verkligen existerar och leva av Guds Ord så att vi verkligen kommer att ta emot frälsningen.

Liksom solen och månen skiljer sig i glans

När aposteln Paulus förklarade hur det skulle vara med vår kropp efter vår uppståndelse, sa han, *"Solen har sin glans, månen en annan och stjärnorna ännu en annan. Den ena stjärnan skiljer sig från den andra i glans"* (1 Korinterbrevet 15:41).

Solens glans refererar till den härlighet som ges till dem som fullständigt har gjort sig av med sina synder, blivit helgade och som har varit betrodda i hela Guds hus på denna jord. Månens glans refererar till den härlighet som ges till dem som inte har uppnått solens härlighetsnivå. Stjärnornas glans ges till dem som har uppnått en lägre nivå än månens glans. Också mellan stjärnor skiljer glansen sig åt, alla kommer få ta emot olika härligheter och belöningar, även om man kommer till samma boplats i himlen.

Bibeln berättar för oss att vi kommer ta emot olika härligheter i himlen. Himmelska boplatser och belöningar kommer variera beroende på till vilken grad vi har gjort oss av med synder, till vilken grad vi har andlig tro och hur trofasta vi har varit mot Guds rike.

Himmelriket har många boplatser och de ges till var och en i enlighet med var och ens mått av tro. Paradiset ges till dem som har det minsta måttet av tro. Det Första Kungadömet är en högre nivå än Paradiset, och det Andra Kungadömet är bättre än det Första, och det Tredje Kungadömet är bättre än det Andra. I det Tredje Kungadömet finns staden Nya Jerusalem där Guds tron finns.

Himlen kan inte jämföras med Edens lustgård

Edens lustgård är en sådan underbar och fridfull plats som inte ens den allra vackraste platsen på Jorden kan jämföras med, men Edens lustgård kan inte ens jämföras med Himmelriket. Den lycka man upplever i Edens lustgård och den som upplevs i Himmelriket är fullständigt olika på grund av att Edens lustgård befinner sig i den andra himlen och Himmelriket befinner sig i den tredje himlen. Det är också för att de som bor i Edens lustgård inte är sanna barn som har gått igenom den mänskliga kultiveringsprocessen.

Tänk dig att jordelivet är ett liv i mörker utan några ljus, då är livet i Edens lustgård som att ha en fotogenlampa, och livet i Himlen är som att leva med ett strålande, elektriskt ljus. Innan glödlampan uppfanns använde man fotogenlampor som var ganska bleka. Men de var ändå värdefulla. När människor såg elektriskt ljus för första gången blev de förundrade.

Det har redan nämnts att olika himmelska boplatser kommer att ges till människor efter det mått av tro och andligt hjärta som de har kultiverat under deras jordeliv. Och varje himmelsk boplats är betydligt annorlunda från varandra när det gäller härlighet och lycka som man upplever där. Om vi går bortom nivån av helgelse för att bli trofasta i hela Guds hus och bli en helt andlig person, kan vi komma in i staden Nya Jerusalem där Guds tron är.

Nya Jerusalem, den bästa gåvan som ges till sanna barn

Som Jesus sade i Johannes 14:2, *"I min Faders hus finns många rum"* finns det egentligen väldigt många boplatser i himlen. Där finns staden Nya Jerusalem där Guds tron finns, medan det också finns Paradiset, som är en plats för dem som nätt och jämt tog emot frälsningen.

Staden Nya Jerusalem, också kallad "Härlighetens stad", är den vackraste platsen av dem alla i de himmelska boplatserna. Gud vill att varenda en inte bara ska ta emot frälsning utan också komma in i denna stad (1 Timoteusbrevet 2:4).

En bonde kan inte bara få fram vete med den bästa kvaliteten i sin skörd. På samma sätt kommer inte alla som genomgår mänsklig kultivering att bli sanna Guds barn med hel ande. Så för dem som inte kvalificerar sig till att komma in i staden Nya Jerusalem, har Gud förberett många boplatser som Paradiset, det Första, Andra och Tredje Kungadömet i himlen.

Paradiset och Nya Jerusalem är så olika, lika olika som en liten halvdan stuga är jämfört med ett kungligt palats. Precis som föräldrar vill ge sina barn det allra bästa vill Gud att vi ska bli Hans sanna barn och dela allt med Honom i Nya Jerusalem.

Guds kärlek är inte begränsad till en särskild grupp människor. Den ges till alla som accepterar Jesus Kristus. Men de himmelska boplatserna och belöningarna, och det mått av Guds kärlek som ges kommer att skilja sig åt beroende på var och ens mått av helgelse och trofasthet.

De som hamnar i Paradiset, det Första Kungadömet eller det Andra Kungadömet, har inte gjort sig av med sitt kött helt och hållet, och det är inte riktigt sanna barn till Gud. Precis som små barn inte kan förstå allt om deras föräldrar, är det svårt för dessa människor att förstå Guds hjärta. Därför är det också Guds kärlek och rättvisa att Han har förberett olika boplatser efter var och ens mått av tro. Precis som det är som trevligast att umgås med vänner i samma ålder, är det också trevligast att umgås med himmelska medborgare som har liknande nivå av tro.

Staden Nya Jerusalem är också ett bevis på att Gud har erhållit fullkomliga frukter genom den mänskliga kultiveringen. Stadens tolv grundstenar visar att Guds barns hjärtan som kommer in i staden är lika vackra som dessa dyrbara ädelstenar. Pärleporten visar att de barn som går igenom dessa portar har kultiverat uthållighet liksom musslan skapar pärlor med sin uthållighet.

När de går igenom pärleportarna blir de påminda om tider de gick igenom med tålamod och uthållighet för att kunna komma till Himlen. När de går på de gyllene vägarna kommer de ihåg den tro de tog till sig på denna jord. Husens storlek och utsmyckning ges till var och en för att påminna dem om hur mycket de älskade Gud och hur de gav äran till Gud med sin tro.

De som kommer in i staden Nya Jerusalem kan se Gud ansikte mot ansikte för de har kultiverat ett hjärta som är klart och rent som kristall och har blivit Guds sanna barn. De kommer också bli betjänade av mängder av änglar och leva i evig lycka och glädje. Detta är en upplyftande och helig plats, bortom all mänsklig fantasi.

Precis som det finns olika slags böcker på jorden, finns det också olika slags böcker i himlen. Där finns livets bok där namnen på dem som är frälsta är uppskrivna. Det finns också en minnesbok, där det står skrivet om sådant som ska komma ihåg för alltid. Den är gyllene och har ädla och kungliga utsmyckningar på bokpärmen så att man lätt kan förstå att det är en bok med stort värde. Där finns detaljerade beskrivningar vad olika personer har gjort i vilka situationer, och de viktiga delarna är också inspelade på video.

Exempel på sådant som är nedtecknat och inspelat är händelser som när Abraham skulle offra sin son Isak som ett brännoffer; när Elia kallade ner eld från himlen; när Daniel blev beskyddad i lejongropen; och när Daniels tre vänner inte blev skadade i den brinnande ugnen – allt till Guds ära. Gud väljer ut en särskild, dyrbar dag då Han öppnar delar av boken och presenterar innehållet för människorna. Guds barn lyssnar på Honom med lycka och ger Gud ära med lovsånger.

I Nya Jerusalem hålls det också många banketter hela tiden, inklusive den som hålls av Fader Gud. Det kommer vara banketter arrangerade av Herren, den Helige Ande, och också av profeter som Elia, Hanok, Abraham, Mose och aposteln Paulus. Troende kan också bjuda in andra bröder och arrangera banketter. Banketter är kulmen av glädje i det himmelska livet. Det är en plats att se och njuta av himlens överflöd, frihet, skönhet och härlighet på en och samma gång.

Till och med på jorden smyckar människor sig själva med vackra ting och har det trevligt tillsammans och äter och dricker på stora banketter. På samma sätt är det i Himlen. På banketterna i Himlen uppträder änglarna och sjunger och dansar och spelar musik. Guds barn kan också sjunga och dansa till musiken. Platsen är fylld av underbara danser och sånger och glädjerop. Människorna njuter av trevliga konversationer tillsammans med andra syskon i tron vid runda bord här och där, eller så kan de hälsa på trons patriarker som de har längtat så mycket efter att träffa.

Om de blir inbjudna till en bankett arrangerad av Herren, kommer de troende smycka sig själva så fina de bara kan, för att vara den vackraste bruden av alla till Herren. Herren är vår andliga brudgum. När Herrens brudar når ingången till Herrens slott kommer två änglar ödmjukt att ta emot dem vid porten som strålar av gyllene ljus.

Slottets murar är utsmyckade med olika dyrbara ädelstenar. Toppen av murarna är dekorerade med vackra blommor, som sprider en mjuk doft för Herrens brudar som just har anlänt. När de går in i slottet, kan de höra musikens toner som tränger in i den djupaste delen av deras ande och berör dem starkt. De känner lycka och trygghet när de hör lovsångsljudet och de blir djupt berörda och fyllda med tacksamhet och tänker på den kärlek Gud har som har lett dem till en sådan underbar plats.

När de vandrar vidare, ledd av änglarna, längst den gyllene gatan fram till Herrens slotts huvudbyggnad, blir de uprymda i sina hjärtan. När de närmar sig huvudbyggnaden kan de se

Herren komma ut för att möta dem. Omedelbart blir deras ögon fyllda med tårar, men nu springer de mot Herren för de vill möta Honom så snart som möjligt.

Herren kramar om dem en efter en med sitt ansikte fyllt av kärlek och värme, och med sina armar vidöppna. Han välkomnar dem med orden, "Kom! Mina underbara brudar! Välkomna!" De troende som blir så varmt välkomnade av Herren, tackar Honom av hela sitt hjärta och säger: "Jag tackar dig ödmjukast för att du inbjöd mig!" Precis som de på jorden som är så djupt förälskade, vandrar de hand i hand med Herren och njuter av omgivningarna och samtalar med Honom som de ville vara så nära på denna jord.

Livet i staden Nya Jerusalem, att bo med den Treenige Guden, är fyllt av kärlek, glädje, lycka och fröjd. Vi kan se Herren ansikte mot ansikte, vara i Hans famn, resa med Honom, och njuta av så mycket tillsammans med Honom! Vilket lyckligt liv det är! För att kunna njuta av så mycket lycka, måste vi bli helgade och bli andliga människor, och vidare uppnå hel ande, som efterliknar Herrens hjärta fullständigt.

Låt oss därför med detta hopp snabbt uppnå hel ande, ta emot välsignelsen att allt går väl med oss och att vi har hälsan, liksom vår själ har framgång, och senare komma så nära Guds tron som möjligt i den härliga staden Nya Jerusalem.

Om författaren:
Dr. Jaerock Lee

Dr. Jaerock Lee föddes år 1943 i Muan, Jeonnamprovinsen, Republiken Korea. I tjugoåren led Dr. Lee av olika slags obotliga sjukdomar under sju år och inväntade döden utan hopp om tillfrisknande. En dag, våren 1974, tog hans syster emellertid med honom till en kyrka och när han böjde knä för att be, botade den levande Guden honom omedelbart från alla hans sjukdomar.

Från den stund då Dr. Lee mötte den levande Guden genom denna underbara upplevelse, har han uppriktigt älskat Gud av hela sitt hjärta och år 1978 fick han kallelsen av Gud att bli Hans tjänare. Han bad och fastade ivrigt och innerligt så att han skulle komma att förstå Guds vilja och helt och fullt kunna utföra den, och han lydde Guds ord. År 1982 grundade han Manmin Centralkyrkan i Seoul, Korea och ett oräkneligt antal Guds verk, inklusive mirakulösa helanden och underverk har skett i hans församling.

År 1986 blev Dr. Lee ordinerad som pastor vid Annual Assembly of Jesus i församlingen Sungkyul Church of Korea, och fyra år sedan, år 1990, började hans predikningar sändas över radio och TV i Australien, Ryssland, Filippinerna och många andra länder genom Far East Broadcasting Company, Asia Broadcast Station, och Washington Christian Radio System.

Tre år senare, år 1993, valdes Manmin Centralkyrkan till en av de 50 främsta församlingarna i världen av amerikanska tidskriften *Christian World* och han mottog ett hedersdoktorat i teologi vid universitetet Christian Faith College, Florida, USA, och 1996 mottog han en Fil. Dr i pastorsämbete från Kingsway Theological Seminary, Iowa, USA.

Sedan 1993 har Dr. Lee haft en ledande roll i världsmissionen genom många internationella kampanjer i Tanzania, Argentina, L.A, Baltimore City, Hawaii och New York City i USA, Uganda, Japan, Pakistan, Kenya, Filippinerna, Honduras, Indien, Ryssland, Tyskland och Peru, Demokratiska Republiken Kongo, Israel och Estland.

På grund av sitt arbete med internationella kampanjer blev han 2002 kallad "global pastor" av stora kristna tidningar i Korea. Ham har frimodigt proklamerat att Jesus Kristus är Messias och Frälsare genom hans kampanj i New York år 2006 som hölls i den världskända arenan Madison Square Garden och som TV-sändes till 220 nationer, och hans kampanj i Israel "Israel United Crusade" år 2009 på Internation Convention Center i Jerusalem. Hans predikan blev TV-sänd till 176 nationer via satelliter som GCN TV och han utsågs till en av de tio mest inflytelserika kristna ledarna år 2009 och 2010 av den populära, kristna tidningen In Victory och nya utgåvan Christian Telegraph för hans kraftfulla tjänst genom TV-sändningar och församlingsbyggande tjänst utomlands.

Per maj 2017 är Manmin Centralkyrkan en församling med mer än 120,000 medlemmar. Den har 11,000 inrikes och utrikes församlingsgrenar över hela världen, inklusive 56 nationella församlingsgrenar. Så här långt har man skickat ut mer än 102 missionärer till 23 länder, länder som USA, Ryssland, Tyskland, Kanada, Japan, Kina, Frankrike, Indien, Kenya och många flera.

Till denna dag har Dr. Lee skrivit 108 böcker, inklusive bästsäljare som *En Smak av Evigt Liv Före Döden, Mitt Liv, Min Tro I & II, Budskapet om Korset, Måttet av Tro, Himlen I & II, Helvetet* och *Guds Kraft*. Hans verk har översatts till mer än 76 språk.

Hans kristna krönikor finns i tidningarna The Hankook Ilbo, The JoongAng Daily, The Chosun Ilbo, The Dong-A Ilbo, The Seoul Shinmun, The Kyunghyang Shinmun, The Hankyoreh Shinmun, The Korea Economic Daily, The Korea Herald, The Shisa News, och The Christian Press.

Dr. Lee är för närvarande grundare och ledare för ett antal missionsorganisationer och sammanslutningar såsom styrelseordförande i The United Holiness Church of Jesus Christ; president i The World Christianity Revival Mission Association; Grundare och styrelseordförande i Global Christian Network (GCN); grundare och styrelseordförande av The World Christian Doctors Network (WCDN); samt grundare och styrelseordförande, Manmin International Seminary (MIS).

Andra kraftfulla böcker av samma författare

Himlen I & II

En detaljerad bild av den härliga boendemiljön som himmelska medborgare njuter av och underbara beskrivningar av de olika nivåerna i de olika kungadömena.

Budskapet om Korset

Ett kraftfullt budskap som ger ett uppvaknande till alla människor som är andligt sovande! I den här boken finner du orsaken till varför Jesus är den ende Frälsaren och Guds sanna kärlek.

Helvetet

Ett allvarligt budskap till hela mänskligheten från Gud, som inte vill att en enda själ ska hamna i helvetets djup! Du kommer att läsa om sådant som aldrig någonsin tidigare berättats, om den hemska verkligheten i Nedre graven och helvetet.

Mitt Liv, Min Tro I & II

En sällsynt andlig väldoft utvunnen från den blomstrande kärleken till Gud mitt i mörka vågor, kalla ok och djupaste förtvivlan.

Måttet av Tro

Vilka slags himmelska platser och vilka slags belöningar är förberedda för dig i himlen? Denna bok ger visdom och vägledning och hjälper dig att mäta din tro och kultivera den till att bli den bästa och mognaste tron.

www.urimbooks.com

www.ingramcontent.com/pod-product-compliance
Lightning Source LLC
LaVergne TN
LVHW011949060526
838201LV00061B/4265